Über dieses Buch Philipp Otto Runge, der Begründer der deutschen romantischen Kunst, schuf mit den »Hülsenbeckschen Kindern« 1805/06 das berühmteste Kinderbild der deutschen Kunstgeschichte. Ausgehend vom dargestellten Milieu, analysiert der Verfasser zunächst den Stilansatz im Vergleich zur englischen Malerei und zum Klassizismus sowie im Zusammenhang mit Runges Licht- und Farbenlehre. Die seltene Einheit von Inhalt und Form macht das Gemälde in der Hamburger Kunsthalle zu einer einzigartigen Darstellung der stufenweisen Entfaltung kindlichen Verhaltens. Zugleich erweist es sich als bewußte Reflexion des Naiven durch Kunst und als Bild der romantischen Idee vom verlorenen Paradies. Das entsprechende Verhältnis zum Betrachter wird gleichfalls im Kontext der zeitgenössischen Literatur aufgezeigt. In ihrem systematischen Ansatz wird die Untersuchung damit zu einer Schlüsselinterpretation für das Kunstdenken der deutschen Romantik. Den Abschluß bildet der Nachweis des Einflusses Runges und der »Hülsenbeckschen Kinder« auf Hauptmeister der Romantik und der klassischen Moderne wie Karl Friedrich Schinkel, Max Ernst und Paul Klee.

Der Autor Prof. Dr. Jörg Traeger, geb. 1942 in Rosenheim, seit 1976 Lehrstuhlinhaber für Kunstgeschichte an der Universität Regensburg, ist Verfasser zahlreicher Untersuchungen zur europäischen Kunstgeschichte (in Buchform u. a.: Der reitende Papst, 1970; Mittelalterliche Architekturfiktion, 1980; Der Tod des Marat, 1986). Mit seinem Standardwerk über Runge (1975) gilt er international als bester Kenner der Materie in ihren vielfältigen kunst- und geistesgeschichtlichen Verflechtungen.

Philipp Otto Runge
Die Hülsenbeckschen Kinder

Von der Reflexion des Naiven
im Kunstwerk der Romantik

Von Jörg Traeger

Fischer Taschenbuch Verlag

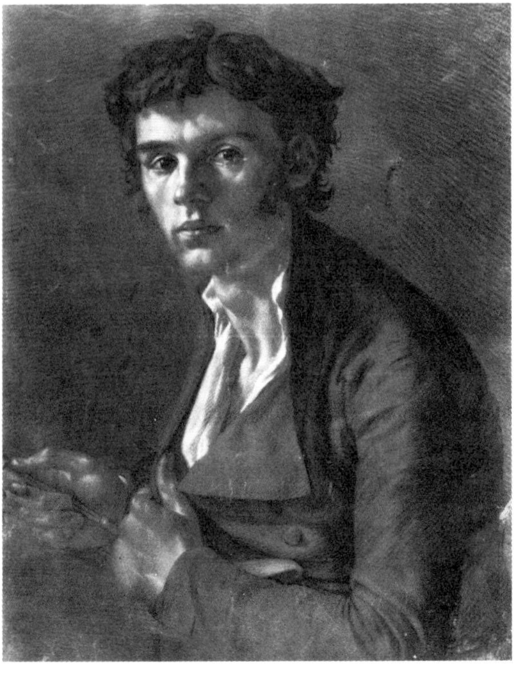

kunststück
Herausgegeben von Klaus Herding

Für Tobias und Friederike

Fontispiz: Philipp Otto Runge: Selbstbildnis am Zeichentisch, 1802, Kreide, 55,2 x 43,3 cm (Hamburger Kunsthalle)

Grafische Konzeption: Max Bartholl und Christoph Krämer
Lektorat: Wolfgang Balk
Bildredaktion: Carmen Durrant
Originalausgabe
Veröffentlicht im Fischer Taschenbuch Verlag GmbH, Frankfurt am Main, Juni 1987

Satz und Druck: Wagner GmbH, Nördlingen
Abbildungen: Litho Köcher, Köln
Bindung: G. Lachenmaier, Reutlingen
Printed in Germany
1480 ISBN 3-596-23942-7

Der Ort

Das Milieu der »Hülsenbeckschen Kinder« (Falttafel) läßt sich ziemlich genau bestimmen. Zwei Wege bieten sich dafür an. Der erste führt durch die Biographie des Malers. Sie ist, dank der zahlreichen Briefe, die Philipp Otto Runge in seinem kurzen Leben geschrieben hat, nahezu lückenlos dokumentiert.

Im Jahre 1793 hatte sich Johann Daniel Runge, der älteste Bruder des Künstlers, in Hamburg mit Johann Michael Speckter, Friedrich August Hülsenbeck und Johann Friedrich Wülffing zur Gründung einer Kommissions- und Speditionshandlung zusammengeschlossen, die 1807 im Zusammenhang mit Napoleons gegen England verhängter Kontinentalsperre aufgelöst wurde. Im Mai 1795 reiste Daniel in seine Heimatstadt Wolgast in Vorpommern, um seinen damals achtzehnjährigen Bruder Philipp Otto (geb. 23. Juli 1777) nach Hamburg zu holen. Dieser übernahm dort in der Firma eine untergeordnete Arbeit. Bedeutsamer als diese ungeliebte Tätigkeit war für den jungen Mann die Begegnung mit Daniels literarisch und künstlerisch ausgerichtetem Freundeskreis, darunter Matthias Claudius, dem Herausgeber des »Wandsbeker Boten«, und Friedrich Perthes, dem bekannten Buchhändler und künftigen Verleger der »Hinterlassenen Schriften« des Malers. In die frühe Hamburger Zeit fielen ein privater Zeichenunterricht bei dem Lokalmeister Gerdt Hardorff und die Lektüre von Ludwig Tiecks romantischem Künstlerroman »Franz Sternbalds Wanderungen«, Schillers Musenalmanachen und Goethes »Propyläen«. Nach einem Stu-

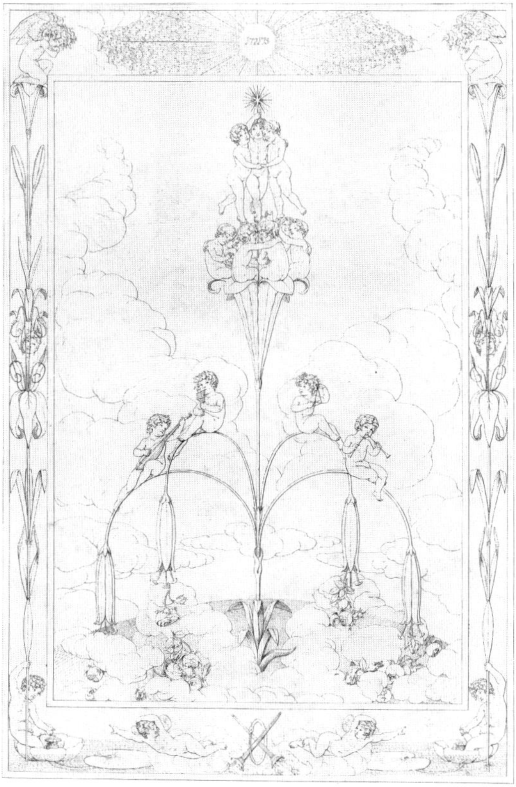

1 *Philipp Otto Runge, Morgen, 1803, Feder, 71,7 x 48,2 cm, Hamburger Kunsthalle. »Morgen« und »Nacht« stellen Anfang und Ende in der Folge der vier »Zeiten« dar. Eine erste Kupferstichauflage kam 1805 heraus, die zweite, große 1807. Die »allumfassende Bedeutung des Rhythmus der Tageszeiten« bezieht sich nach dem Kommentar von Runges Bruder Daniel auf Tages- und Jahreszeiten, die Lebenszeiten des Menschen von der Geburt bis zum Tod, die Weltzeiten, d. h. »Entstehung, Wachsthum, Verfall und Untergang der Völker, Jugend, Blüthe, Reife, Versinken – und Verklärung der Menschheit«, schließlich Zeit und Ewigkeit als den »religiösen Standpunkt für das Ganze«*

dium an der Kopenhagener Kunstakademie von 1799 bis 1801 hielt sich Runge *(Frontispiz)* 1801 bis 1804 in Dresden auf. Hier begründete er mit dem Zyklus der »Zeiten«, 1803 in Feder entworfen, 1805 in erster Auflage im Kupferstich erschienen (2. Auflage 1807), die romantische Kunst *(Abb. 1, 2)*. Mit einer längeren Unterbrechung bei seinen Eltern in Wolgast *(Abb. 26)* während der Kriegswirren 1806/07 lebte Runge vom 13. Mai 1804 bis zu seinem Tod am 2. Dezember 1810 erneut in Hamburg und damit im wesentlichen wieder im alten Freundeskreis. Geändert hatte sich sein fami-

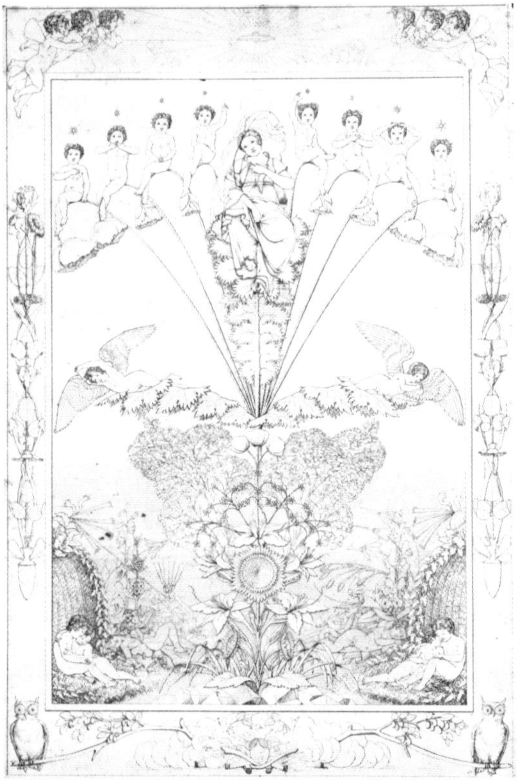

2 *Philipp Otto Runge, Nacht, 1803, Feder, 71,3 x 48,1 cm, Hamburger Kunsthalle*

liärer Status. Seine große Liebe Pauline, geb. Bassenge, die er am 3. April 1804 in Dresden geheiratet hat, gebar ihm am 30. April 1805 den Sohn Otto Sigismund *(Abb. 3, 7)*, der später Bildhauer wurde, 1807 eine Tochter *(Abb. 4)* und 1809 einen weiteren Sohn. Sein viertes Kind kam einen Tag nach dem Tod des Künstlers zur Welt.[1]

Der Garten von Friedrich August Hülsenbeck (1766–1834) lag vor den Toren Hamburgs in dem heute längst als Stadtteil eingemeindeten Dorf Eimsbüttel. Runge erwähnte ihn gegenüber seiner Braut im Frühjahr 1804. An dem

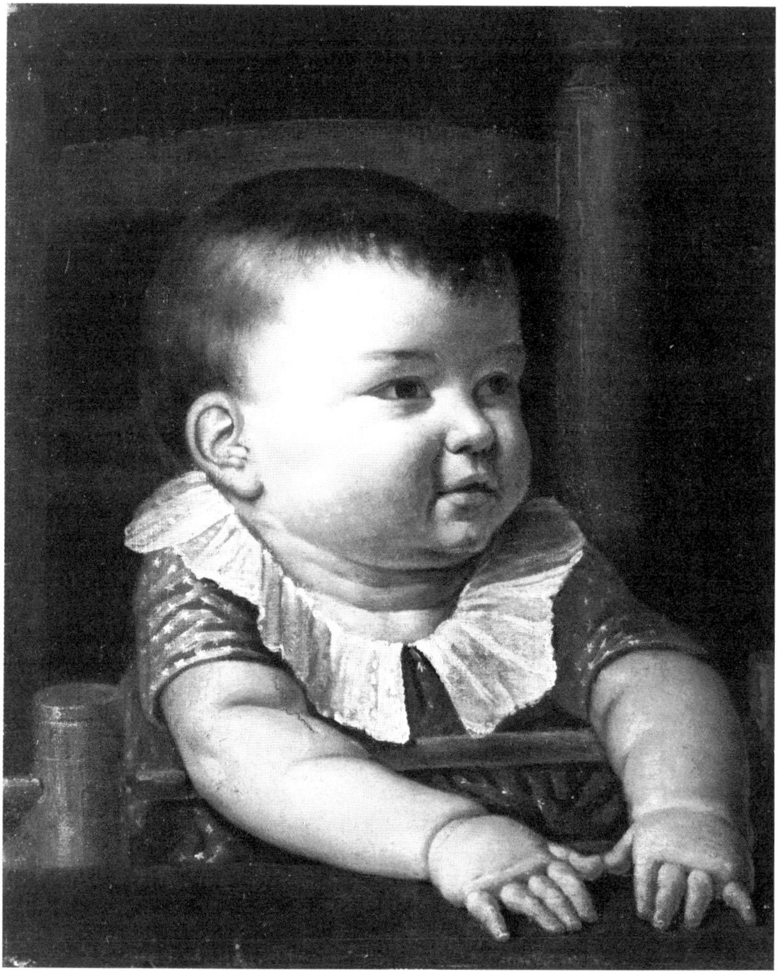

Landhaus wurde damals »etwas gebaut«. Die Gegend gehöre zwar nicht zu den vorzüglichsten. Doch sei der halbstündige Weg zu Fuß aus der Stadt dorthin angenehm, und das nahegelegene Eimsbütteler Holz weise hübsche Anlagen zum Spazierengehen auf. Mit der Arbeit am Kindergruppenbildnis begann Runge

3 *Philipp Otto Runge, Otto Sigismund im Klappstuhl, 1805, Öl auf Leinwand, 40,0 x 35,5 cm, Hamburger Kunsthalle*

am 16. Oktober 1805. Knapp drei Wochen später beschrieb er das Gemälde: »von Hülsenbecks 3 Kinder, worauf die beyden größten das Kleine im Garten fahren, wo bey der Garten und Hamburg alles Portrait ist, und wird viel Effect machen«.[2] *(Falttafel)*

Dargestellt sind von rechts nach links, altersmäßig abgestuft, die fünfjährige Maria (1800–1832), einzige Tochter Hülsenbecks und seiner Ehefrau, geb. Fesser, der vierjährige August, geb. 1801, der bereits im Jahr darauf nach schwerer Krankheit am 20. März 1806 starb, und im Leiterwagen der zweijährige Friedrich (geb. 1803). Links geht der Blick zwischen der großen Sonnenblumenstaude und den beiden größeren Kindern über den weißgestrichenen Gartenzaun und die niedrige Hecke

4 *Philipp Otto Runge, Otto Sigismund und Maria Dorothea, 1809, Öl auf Leinwand, 38,5 x 49,5 cm, Hamburger Kunsthalle*

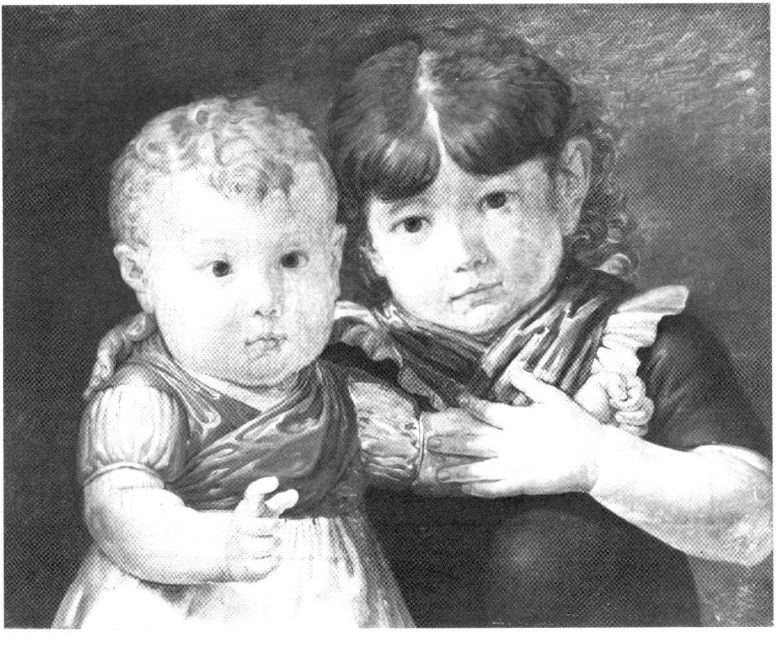

hinaus auf eine entfernte Rasenfläche. Eine Baumreihe schließt sich an, überragt von einigen vereinzelten Gehöften mit grauen und rötlichen Dächern. Hinter einem Laubwald in der Ferne sieht man die Türme der Hamburger Kirchen – von links – St. Jacobi, dieser durch die Blätter der Sonnenblume weitgehend verdeckt und nur aus der Spitze erschließbar, St. Petri, St. Nicolai und St. Katherinen. Mit der in den Hintergrund kommenden Landschaft habe er es sich »würklich etwas zu schwer gemacht«, meinte Runge am 17. Dezember 1805 in einem Brief an seinen Vater. Das Bild dürfte Anfang 1806 fertig geworden sein. Daniel Runge sprach in den »Hinterlassenen Schriften« von einem »sehr großen Gemählde«. Es mißt 131,5 x 143,5 cm, ist auf Leinwand gemalt und nicht signiert.[3]

Rechts im Hintergrund sehen wir das von Runge gern zur Übernachtung benutzte Landhaus. Es ist nicht groß, doch keineswegs unansehnlich. Genau im rechten Winkel zu dem vom Eckpfosten neben Maria jäh in die Tiefe fluchtenden Gartenzaun präsentiert sich die Eingangsseite mit dem Raster der Fenstersprossen unter gewalmtem Giebel frontal und unverzerrt. Vom rechten Bildrand her breitet eine Eiche, wie man sie auch heute noch, altgewachsen, in den Gärten der Hamburger Vororte antrifft, ihre belaubten Äste über den Zaun und ein jenseits davon anscheinend neu gesetztes Bäumchen. Pflanzliches Prunkstück ist links die blühende Sonnenblumenstaude mit ihren dicken Stengeln und den breiten, geäderten Blättern. Der Hauptstiel ist abgebrochen. Der gärtnerische Aufwand beschränkt sich im übrigen auf den etwas unregelmäßigen, doch klar begrenzten Grassaum neben dem sauber angelegten Weg, auf dem die zwei größeren Kinder den kleinen Bruder von links in die wohlgeordnete Bildwelt einer gutbürgerlichen Sommerfrische ziehen.

Ein englisches Beispiel

Einen zweiten Weg zur Kennzeichnung des Milieus eröffnet der kunsthistorische Vergleich. Dabei äußert sich die soziale als ästhetische Kategorie. Kinderbilder, einzeln oder als Gruppen, erfreuten sich vor allem in der zeitgenössischen Malerei Englands großer Beliebtheit. Es ist gut möglich, daß Runge im anglophilen Hamburg mittelbar oder unmittelbar einige Beispiele kennengelernt hat. Daß es gerade »Die beiden Söhne des 1. Earl Talbot«, gemalt 1792/93 von Thomas Lawrence *(Abb. 5)* waren, ist zwar wenig wahrscheinlich[4], doch deutet u. a. der Anspruch des großen Bildformats zur künstlerischen Würdigung der kleinen Personen durchaus in diese Richtung. Sieht man einmal davon ab, daß die beiden Knaben bei Lawrence wohl etwas älter sind, so ist der gewählte Bildtyp grundsätzlich derselbe: ganzfigurige Kindergestalten in Lebensgröße beim bewegten Spiel, hier mit einem Hund, unter freiem Himmel in einer gärtnerischen Umgebung. Aber darin erschöpfen sich auch schon die Gemeinsamkeiten.

Der Unterschied im Milieu ergibt sich aus der Art des Gartens. Von einem Zaun ist bei Lawrence nichts zu sehen. Statt dessen befinden wir uns mit den Kindern in einem weiträumigen Parkgelände englischer Prägung. Geschlossener Baumbestand in herbstlicher Laubfärbung wechselt ab mit anmutigem Wiesengrund. Auf der Lichtung ergeht sich Rotwild, vier Hirsche mit prächtig ausladendem Geweih, drei stehend, einer auf dem Rasen lagernd, dazu eine Hirschkuh. Dahinter schließt sich ein breiter Bach mit einem Wasserfall an, den der schöne Bogen einer steinernen Brücke überspannt. Über die Talsenke bietet sich die Aussicht in eine weite Hügellandschaft mit einer hell beleuchteten Stadt in der Ferne. Einzelne Gebäude kommen im Gemälde nicht vor. Auch eine so robuste Gartenzier wie die Sonnenblumenstaude fehlt. Es ist ein Landschaftsgarten mit offenen Grenzen, Ausdruck einer aristokratischen Liberalität, die sich in der scheinbar ungeregelt gewachsenen Parkanlage in sentimentalem Einklang sah mit dem selbstgesetzten Erscheinungsbild der freien Natur.[5]

Der größere Knabe trägt einen grauvioletten, oben zugeknöpften Cutaway über gelber Weste und gelbe Kniebundhosen, sein kleinerer Bruder einen roten Cutaway über gelber Weste und graue Kniebundhosen. Die weißen Seidenstrümpfe und spitzen schwarzen Halbschuhe kontrastieren mit dem leger geöffneten Hemdkragen. Hervorgetreten aus dem schattigen Weg unter hohen Bäumen, hält der Jüngere den Hund an der flauschigen Halskrause fest, wohl um ihn an der Jagd auf die Hirsche zu hindern, während er mit schräg zur Schulter geneigtem Haupt kokett charmierend den Betrachter anblickt. Der Ältere weist mit der Rechten zum Wild auf der Wiese. Sein Gesicht

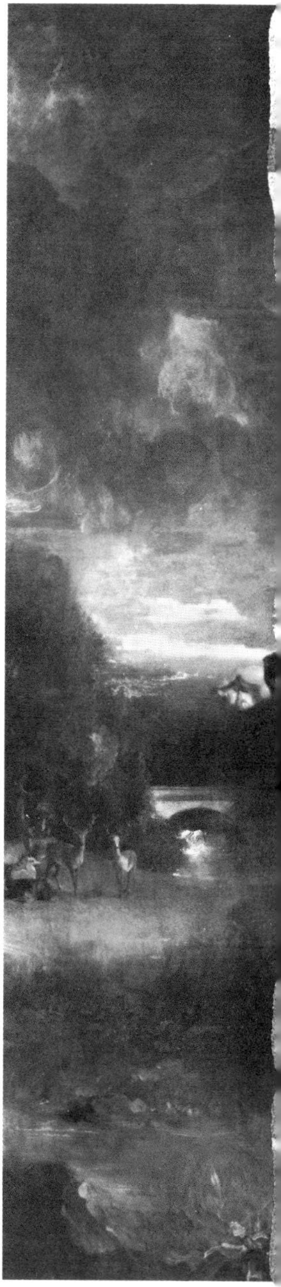

5 *Thomas Lawrence,*
Die beiden Söhne des 1. Earl Talbot,
Öl auf Leinwand, 228,7 x 212,8 cm, 1792/93,
München, Neue Pinakothek

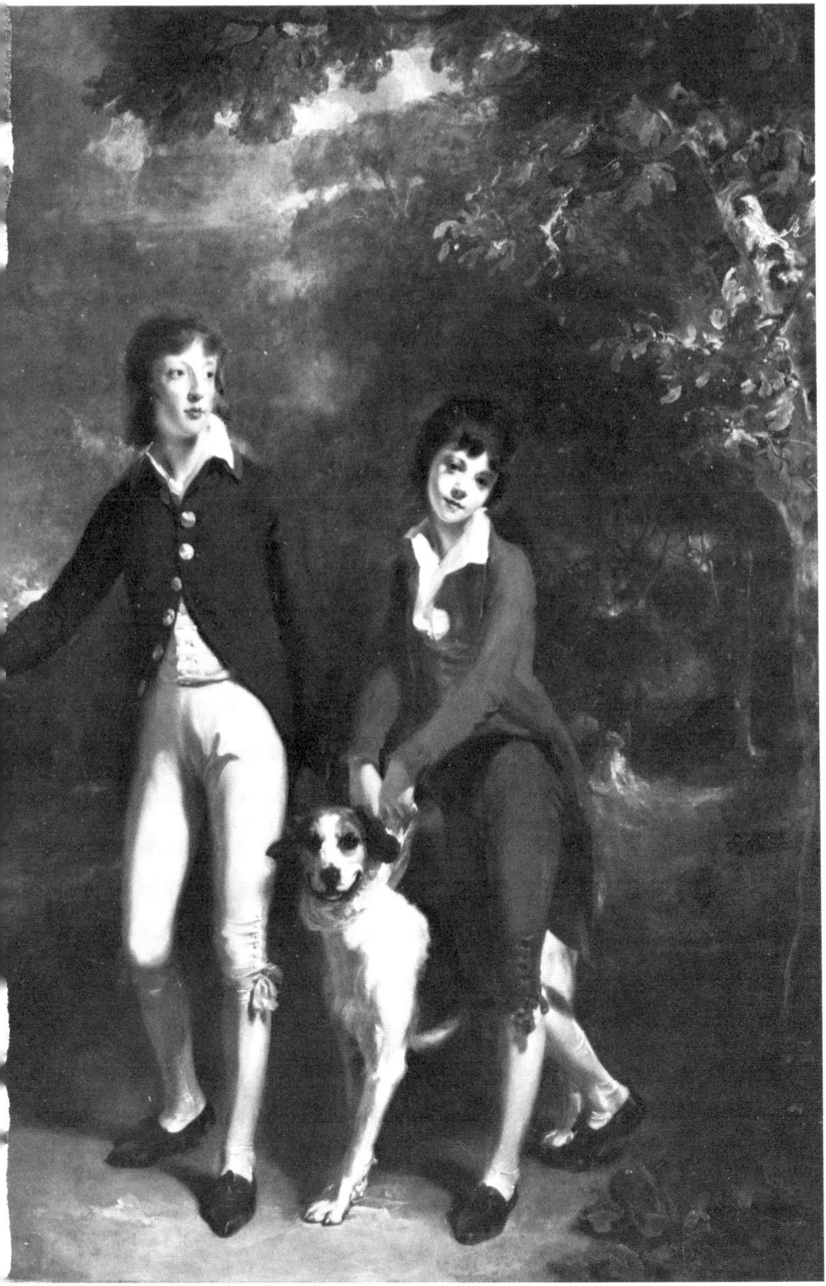

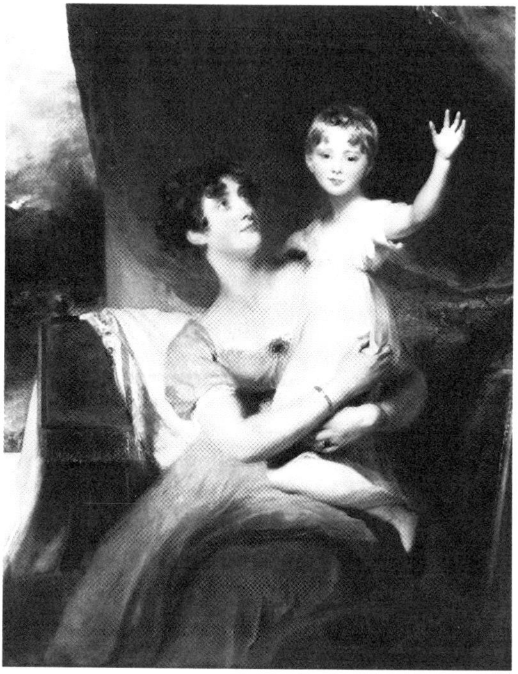

6 Thomas Lawrence, Lady Orde mit ihrer Tochter Anna Maria, um 1810, Öl auf Leinwand, 141,5 x 111,6 cm, München, Neue Pinakothek. Der Vergleich mit Lawrence zeigt, daß Runge mit den Bildtypen der englischen Porträtmalerei vertraut war. Doch hat er deren vornehme Eleganz ersetzt durch einen neuen Ausdruck der Unmittelbarkeit, der nichts beschönigt. Gewisse stilistische Härten verraten die Kenntnis italienischer und deutscher Madonnenbilder des 15. Jahrhunderts

wendet er zum Bruder, wobei aber die Augen über ihn hinweg sensibel in eine Richtung außerhalb des Bildes schweifen, aus welcher das Sonnenlicht des Spätnachmittags einfällt. Die gesteilten Körperproportionen in leichter Untersicht sind typisch für ganzfigurige Porträts erwachsener Engländer dieser Zeit. Zumeist vermitteln sie einen hoheitsvollen Zug, gelegentlich auch einen schwer bestimmbaren Anflug von Snobismus.

Die Bläue des Himmels, nur da und dort rein zutagetretend, ist überwiegend verschleiert durch grau nuanciertes Gewölk von unterschiedlicher Dichte. Der künstlichen Stimmungslandschaft entspricht bei Lawrence ein offener, weicher, einschmeichelnder Koloris-

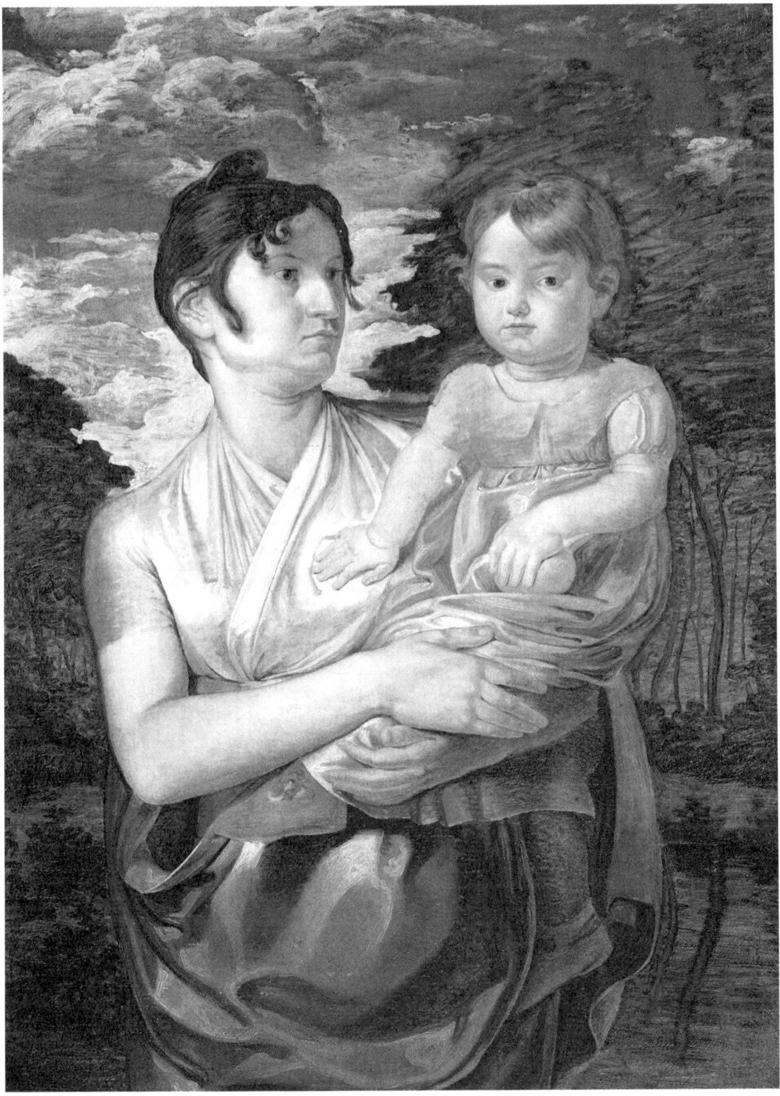

7 Philipp Otto Runge,
Pauline mit dem zweijährigen
Sohn Otto Sigismund,
1807, Öl auf Leinwand, 96,5 x 72,5 cm,
Berlin/West, Nationalgalerie,
Stiftung Preußischer Kulturbesitz

mus. Er läßt die Erscheinung der dargestellten Menschen, Tiere, Gewächse und Dinge angenehm hinüberspielen in die benachbarten Zonen. Tonige Angleichungen im Gegenständlichen werden durch eine freizügige Pinselschrift auf die Kennerebene einer hochgepflegten Malkultur gehoben. Das Verhältnis der Figuren zum Bildformat ist geräumig und entspannt.

Damit sind bereits entscheidende künstlerische Gegensätze zu Runge angesprochen. Bestätigt werden sie durch einen Vergleich des unvollendeten Porträts seiner Frau Pauline mit dem Sohn Otto Sigismund auf dem Arm von 1807 und der »Lady Orde mit ihrer Tochter Anna Maria«, von Lawrence, gemalt um 1810 *(Abb. 6, 7)*.[6]

Heinrich Wölfflin, ein Zeitgenosse des deutschen Impressionismus, beginnt sein bekanntes Buch »Kunstgeschichtliche Grundbegriffe«, erstmals erschienen 1915, mit der Unterscheidung des zeichnerischen Stils, z. B. bei Dürer, vom malerischen Stil, etwa bei Rembrandt. Jener sehe in Linien, dieser in Massen und Fleckenerscheinungen. In der Begrifflichkeit Heinrich Wölfflins müßte man die »Hülsenbeckschen Kinder« als absolut unmalerisch bezeichnen. Die distanzierende Noblesse des Engländers fehlt. Der geschulte Geschmack um 1800 kommt nicht auf seine Kosten. Noch in jüngster Zeit wähnte man darin einen künstlerischen Mangel.[7] In der Tat macht Runges Porträtkunst keine Komplimente. Die »Hülsenbeckschen Kinder« treten uns in fast barbarischer Fremdartigkeit entgegen, kunstgeschichtlich unerzogen. Sie wollen mit neuen Augen betrachtet sein.

Linienstil

Das Bild ist das Ergebnis eines strikt linearen Gestaltungsansatzes. Dies zeigt die einzige erhaltene Vorstudie *(Abb. 8)*. Bezeichnenderweise wurde sie, allerdings irrtümlich, schon als Vorlage für einen unausgeführten Linienstich gehalten.[8] Daß dies nicht zutrifft, beweisen die Unterschiede zum Gemälde. Das Mädchen hält mit beiden Händen die Deichsel fest, der Kleine im Leiterwagen mit der Linken ein Spielzeug. Auch trägt er eine gefältelte Haube, und eine Decke ist über ihn gebreitet. Aus dem Landhaus im Hintergrund eilt rechts am Rand eine Frau den Gartenzaun entlang winkend auf die Kinder zu. Auf diese genrehaft-anekdotischen Details hat Runge im Gemälde verzichtet. Die Zeichnung ist Zeugnis für ikonographische Veränderungen im Werkprozeß. Darüberhinaus dokumentiert sie die flächige Ausgangsbasis einer körperlichen Illusion, die im farbigen Vorstellungsraum des Gemäldes überklar vor Augen steht, ohne ihre Bedingungen zu verleugnen. Sie stellen sich in der Vorzeichnung umgekehrt dar als Zurückführung des wirklich Angeschauten auf die zwei Dimensionen des malerischen Mediums. Werkzeug der radikalen Abstraktion war nicht der weiche Bleistift oder die schmiegsame Kreide, wie sie Runge in seiner Kopenhagener Akademiezeit zu nutzen gelernt hatte *(Frontispiz)*, auch nicht die flüssige Pinsellavierung, wie er sie bei den Vorstudien zum Bildnis der Eltern von 1806 *(Abb. 26)* anwandte. Vielmehr benutzte er die spitze Feder, das Zeicheninstrument, mit dem er zwei Jahre zuvor auch den Zyklus der »Zeiten« gestaltet hatte *(Abb. 1, 2)*. Dabei sind von

den Figuren und Gegenständen im wesentlichen nur ihre Umrisse übriggeblieben.
Die historischen Voraussetzungen für dieses Verfahren lagen im Klassizismus. Auch hier wandert der Blick zur englischen Kunst. Der Bildhauer John Flaxman hatte seinen internationalen Ruhm weniger durch seine Skulpturen und Grabmäler begründet als durch seine Entwürfe für die keramische Manufaktur von Josiah Wedgwood. Noch bekannter machten ihn seine Illustrationen zur Ilias und Odyssee, zu Dantes »Göttlicher Komödie«, erschienen 1793 *(Abb. 9)*, und zu den Tragödien des Äschylos, 1795, gestochen jeweils in Rom von Thomas Piroli. Das Besondere daran war die programmatische Beschränkung auf die reine Umrißzeichnung. Hinzu kamen serielle Parallelismen, mit denen er Dunkelzonen andeutete. Kaum einer der großen Maler der Epoche hat sich der ungeheuren Faszination entzogen, die von diesem aus griechischer Vasenmalerei entwickelten Linienarchaismus ausging. Jacques-Louis David, Jean-Dominique Ingres und Anne-Louis Girodet-Trioson in Frankreich

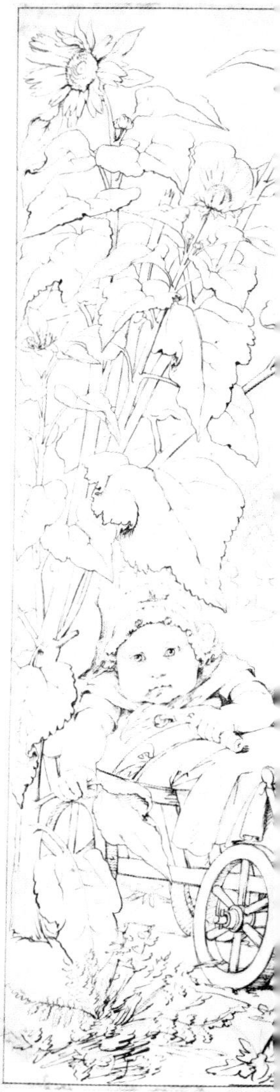

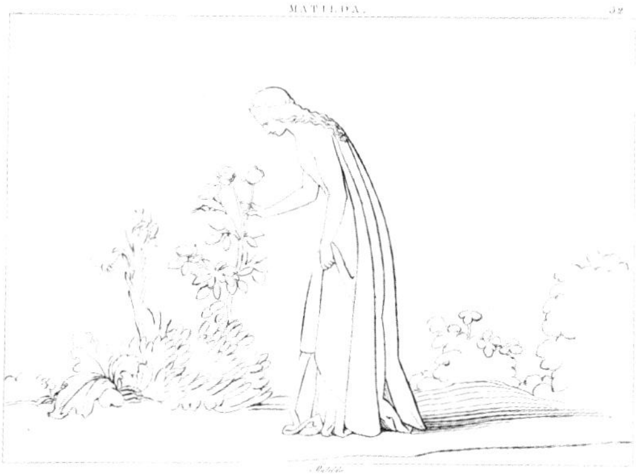

9 links *John Flaxman, Lea (Matilda), das tätige Leben, Kupferstich zu Dantes »Purgatorio«, Bl. 32. 1793*

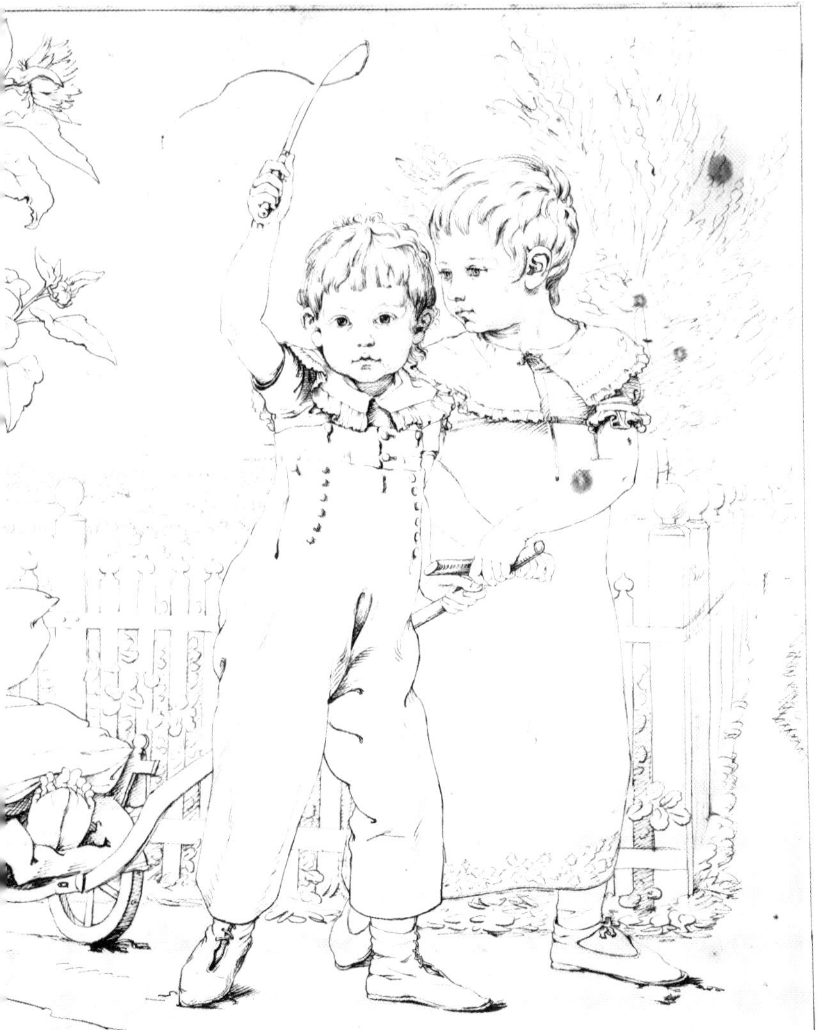

8 oben *Philipp Otto Runge, Vorstudie zu den Hülsenbeckschen Kindern, 1805, Feder, 55,1 x 61,0 cm, Hamburger Kunsthalle*

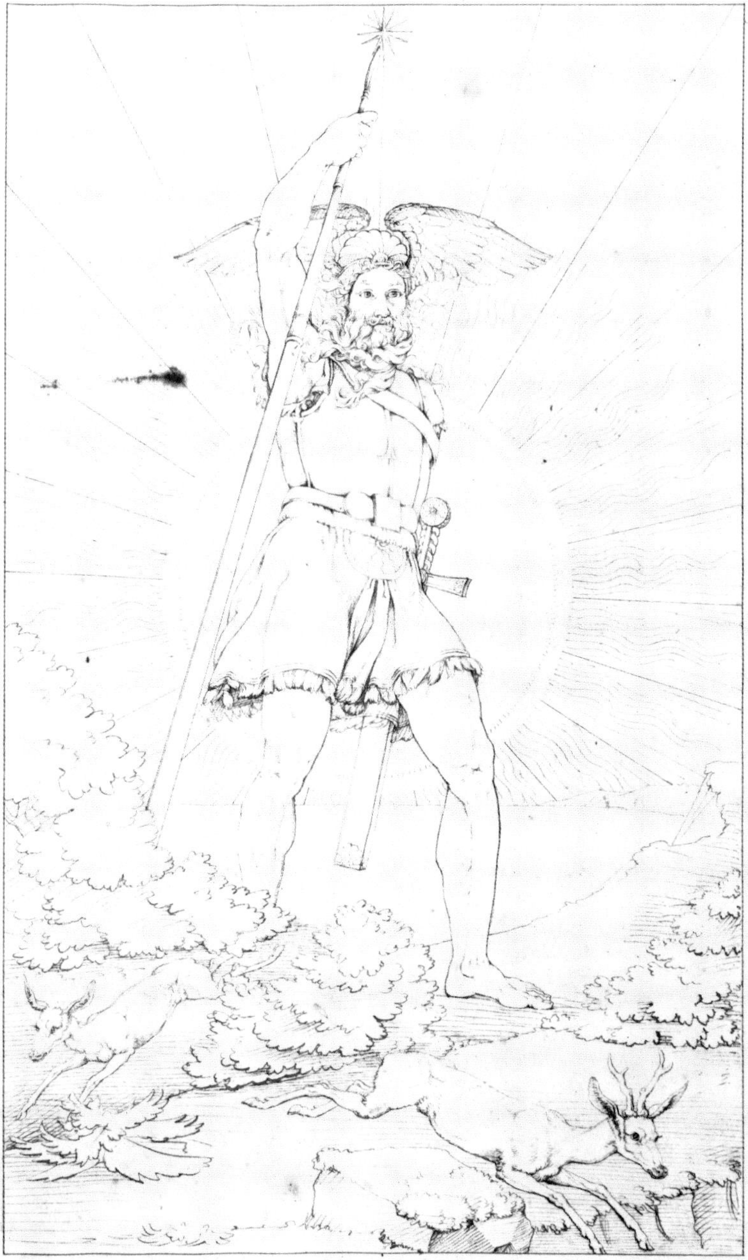

10 *Philipp Otto Runge, Fingal, 1805, Feder, 39,8 x 24,1 cm, Hamburger Kunsthalle. Die Helden Ossians hat Runge als Träger kosmischer Elemente ausgedeutet. So ist Fingals Schild die Sonne. F. L. Graf Stolberg, der deutsche Übersetzer der Ossian-Gesänge des Schotten James Macpherson, lehnte den romantischen Geist von Runges Zeichnungen ab. Das groß angelegte Illustrationsprojekt wurde deshalb nur ansatzweise verwirklicht*

wurden von ihm beeinflußt, ebenso Goya in Spanien, William Blake in England *(Abb. 24)* sowie in Deutschland Joseph Anton Koch und eben Runge.[9] Dieser lernte Flaxmans Graphik im Jahre 1800 während seines Akademiestudiums in Kopenhagen kennen. Den tiefen Eindruck, den sie hinterließ, bezeugen seine Briefe. Flaxmans Illustrationen gehören auch zu den Voraussetzungen für den im Vergleich zu Runge ausgezehrten Linienstil der zweiten Phase der deutschen Romantik, d. h. für die Kunst der Nazarener. Diese besaß in Runges Freund Friedrich August von Klinkowström einen bislang zu wenig beachteten Vorläufer, der sich schon 1804 eigene Gedanken über die Funktion der reinen Linie als Ausdrucksmittel für die Neigung zu einem »abstracten Glauben« gemacht hat.[10]

Zu Beginn des Jahres 1805, einige Monate vor den »Hülsenbeckschen Kindern«, hat auch Runge ein Werk der Weltliteratur in Umrißzeichnungen zu illustrieren unternommen, die Gesänge Ossians in Friedrich Leopold von Stolbergs deutscher Übersetzung.[11] Daß der Übersetzer die Zeichnungen *(Abb. 10)* wegen ihres romantischen Charakters ablehnte, ist hier weniger von Belang. Wichtig ist der grundsätzliche stilistische Unterschied zu Flaxman, der ebenfalls die Vorstudie zu den »Hülsenbeckschen Kindern« *(Abb. 8)* auszeichnet. Die Strichbildung ist völlig anders. Bei Flaxman liegen die Linien leblos wie dünne Drähte auf der weißen Fläche des Papiers. Eine leibliche Differenzierung der verschiedenen Darstellungsbereiche findet kaum statt. Gestalt und Zwischenraum, Vorder- und Hintergrund erscheinen einander angeglichen als graphisches Netz auf der gemeinsamen weißen Leere des

Bildträgers *(Abb. 9)*. Bei Runge dagegen ereignet sich eine deutliche Ab- und Aussonderung. Der Kontur gewinnt eine veränderliche Stärke, schwillt an und wird wieder schlank, dünn, haarfein. Er ist selbst mit Leben erfüllt, weil er die Lebendigkeit der Figur in sich konzentriert. Er ist beweglich, weil er aus der abgebildeten Bewegung der Menschen bzw. aus dem Wachstum der Pflanzen, hier besonders der großen Sonnenblume, hervorzugehen scheint. Er ist raumschaffend und vor allem schon vom Ansatz her körperbildend. Minimale Schraffuren und Einschwärzungen überall da, wo Vertiefungen und Überschneidungswinkel entstehen, z. B. an den Augen, unter dem Kinn, im Zusammentreffen der Haare mit Stirn und Wangen, laden die tote Graphik für die Phantasie des Betrachters sichtbar auf mit Ergänzungspotential. Der zeichnerische Duktus täuscht vitale Verwandlung in sein Sujet vor. Er enthält damit die Anweisung an das Auge, die Liniensprache zur Formenwelt auszurunden, das gegenständlich Gemeinte plastisch zu füllen und farbig zu definieren und es so von seiner Umgebung sich abheben zu lassen.

Genau diesen Schritt ins Gewachsene und Gewordene hat Runge in dem Gemälde vollzogen. Theoretisch hatte schon August Wilhelm Schlegel den Weg in seinen 1801 begonnenen Berliner Vorlesungen zur Kunst vorgezeichnet. Er sagte, die pittoreske Einbildungskraft bestehe darin, den Schein in uns wiederherzustellen. »Die Malerei wirft das reine ursprüngliche Sehen gleichsam aus uns heraus, indem sie das gerundete, vor- und zurücktretende auf eine flache Tafel bringt, wie wir es unstreitig zuerst sehen. An dieser läßt sie aber durch das Betrachten die Bedeutung der würklichen Körperlichkeit sich entwickeln«.[12] Indem Runges künstlerische Praxis, ausgehend vom zeichnerischen Umriß, das Volumen der Erscheinungen herausarbeitete, machte er die Malerei in ganz konkreter Art zur Projektion des in der Wahrnehmung gestaltenden Menschen.

Licht und Körper

Die Körperauffassung in den Gruppenporträts Runges wurde häufig als klassizistisch mißverstanden. Das romantische Element sah man lediglich im seelischen Ausdruck. Und tatsächlich könnte man mit den Sätzen Schlegels auch die Schaffensweise von typischen Klassizisten wie Heinrich Füger, Philipp Hetsch, Eberhard Wächter oder Gottlieb Schick *(Abb. 11)* charakterisieren. Der Unterschied zu Runge wird deutlich, wenn man nun einen Wortführer der klassizistischen Ästhetik hört. Carl Ludwig Fernow forderte 1806 in seinen »Römischen Studien« von der Malerei wohl beleuchtete Gegenstände ohne auffallendes Licht- und Schattenspiel. Handlungen bei Tageslicht sollten so dargestellt sein, wie ein heiterer, vor den Strahlen der Sonne mit leichtem Gewölk bedeckter Tag die Gegenstände zeige.[13]

Die Tendenz ging also dahin, die Präzision der Umrisse durch eine gemilderte Beleuchtung aufzuwiegen, formale Gegensätze zu dämpfen, harmonisch auszugleichen und die Farben auf den gemeinsamen Ermattungsnenner eines mittleren Tons zu bringen. Dieses eher einebnende Ideal war im Grunde dasselbe wie in Flaxmans Illustrationen *(Abb. 9)*. Es entsprach der inhaltlichen Entrückung einer erhabenen Mythologie und Historie aus dem klassischen

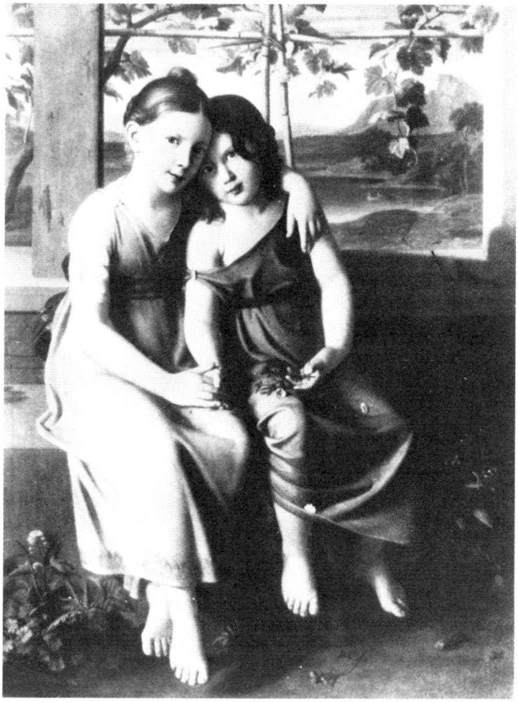

11 *Gottlieb Schick, Adelheid und Gabriele von Humboldt, 1809, Öl auf Leinwand, 125,0 x 96,0 cm, ehemals Berlin, Schloß Tegel, 1945 verbrannt. Die Gebärde der geschwisterlichen Umarmung gehört zu den Lieblingsposen in entsprechenden Doppelbildnissen von Kindern und Jugendlichen der Zeit um 1800. Auch Runge hat sie im Porträt seiner Kinder Otto Sigismund und Maria Dorothea aufgegriffen, vgl. Abb. 4*

Hellas oder dem alten Rom. Sein antikisierender Reliefstil teilte sich auch den Porträts von Zeitgenossen mit. Schicks Bildnis der beiden Töchter Wilhelm von Humboldts von 1809 *(Abb. 11)* wirkt wie eine gemalte, durch mediterrane Umgebung bereicherte Variation auf Johann Gottfried Schadows klassizistische Marmorgruppe der Kronprinzessin Luise von Preußen und ihrer Schwester Friederike von 1796/97 *(Abb. 12)*.[14]

Runge hat nicht nur die künstlerischen Wiederbelebungsversuche an einer in seinen Augen abgestorbenen Vergangenheit für vergeblich gehalten und z. B. das einschlägige Kunstprogramm Goethes und seiner Weimarer Preis-

12 *Johann Gottfried Schadow, Kronprinzessin Luise mit ihrer Schwester Friederike, 1796/97, Marmor, Höhe 172,0 cm, Breite 88,0 cm, Tiefe 59,0 cm, Berlin/DDR, Staatliche Museen, Nationalgalerie*

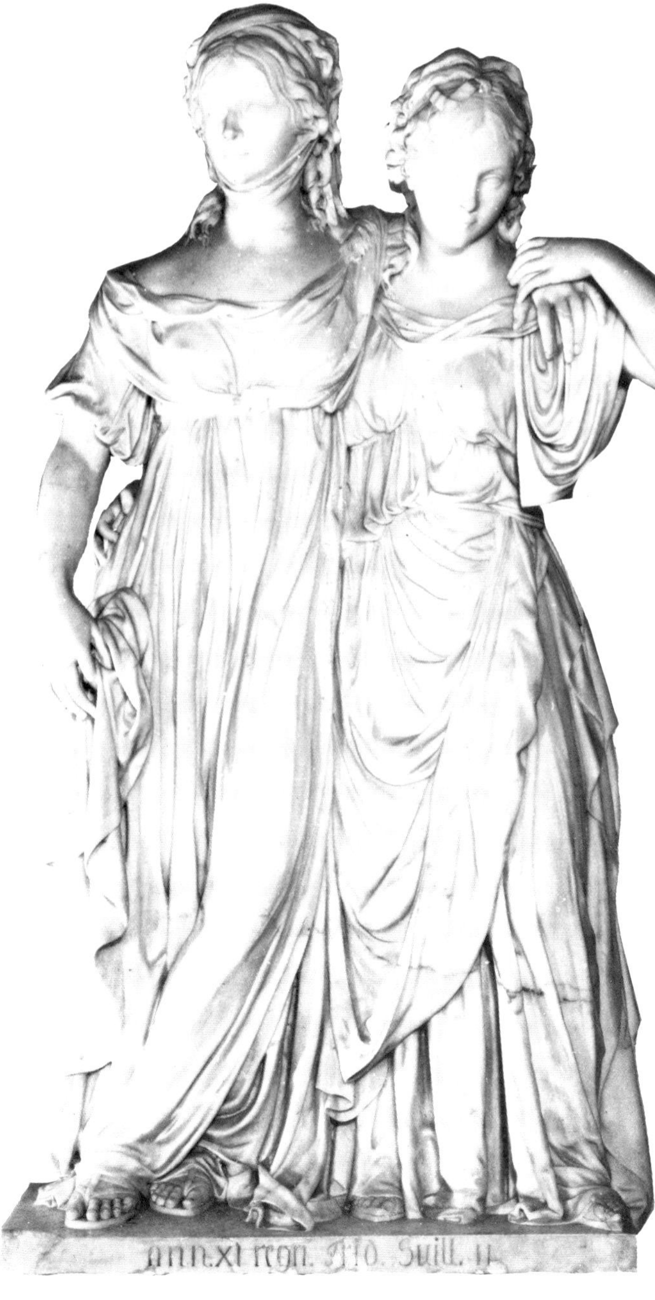
ann. xi regn. Frid. Guill. II

ausschreiben abgelehnt. Er zog auch eine in sich zwingende Schlußfolgerung für die Veranschaulichung seiner neuartigen Bildwelt. Sie ergab sich aus seiner Licht- und Farbentheorie, die um 1805/06 in eine entscheidende Entwicklungsphase trat. Einen ersten Höhepunkt bezeichnet dabei sein langer Brief vom 3. Juli 1806 an Goethe, den dieser für so wichtig hielt, daß er ihn in seiner Farbenlehre, die 1810 erschien, abdruckte.[15]

Am 5. November 1805, während er an den »Hülsenbeckschen Kindern« arbeitete, schrieb Runge an den Greifswalder Juristen und Kunstfreund Karl Schildener, er sei verschiedentlich in die Porträtmalerei hineingekommen, welche ihn viel Zeit gekostet habe. Doch sei dies an sich nicht seine Art zu malen. Er habe nur erst danach gesucht und hoffe, er werde in dieser Hinsicht die Eröffnung eines Weges anschaulich machen können, »auf welchem die Wunder der Farbe sehr lebendig würksam sich zeigen«.[16] Für diesen kunsttheoretischen Zusammenhang gibt es in den »Hülsenbeckschen Kindern« zunächst zwei eher äußerliche Hinweise. Der erste: Bei den Gebäuden im Hintergrund *(Abb. 13)* erkennt man eine Färberei, aus der verschiedenfarbige Stoffbahnen zum Trocknen herausgehängt sind.[17] Ein zweites Indiz ist das Fenster des Hülsenbeckschen Landhauses *(Abb. 14)*. Die weiß gestrichenen Sprossen heben sich sehr deutlich von der Verglasung ab. Durch die nur schemenhaft sichtbaren, seitlich gerafften Gardinen im Inneren erscheint die Geometrie des rechten Winkels abgeschwächt. Zugleich wird ein gestufter Übergang in die binnenräumliche Zimmerdunkelheit geschaffen. Was sich draußen im Garten abspielt, will offenbar demon-

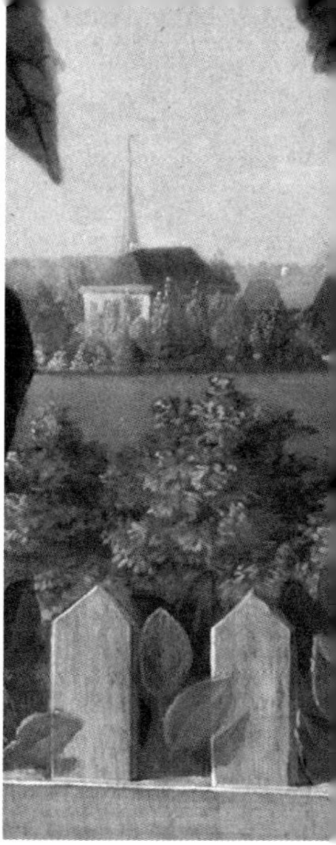

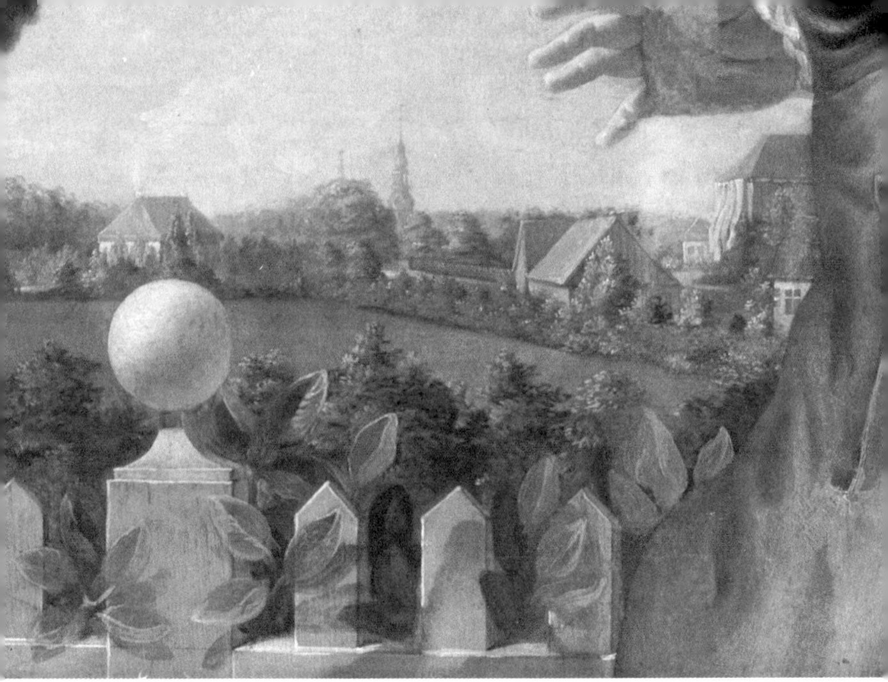

13 *Philipp Otto Runge, Die Hülsenbeckschen Kinder,* Ausschnitt. *Die Kugel auf dem Zaunpfosten bringt den plastischen Stilansatz Runges auf den Nenner reiner Stereometrie. In seiner Schrift »Die Farbenkugel«, erschienen 1810, machte er den Globus zum Denkmodell für die Totalität der Farben*

strativ als Freilichtszene verstanden sein. Nimmt man nun die zeichnerische Grundstruktur des Bildes hinzu, so ergeben sich zwei Faktoren, durch deren Zusammenwirken die klassizistische Gestaltungsweise überwunden wird.

Ein wesentliches Fundament von Runges Farbenlehre bildete einmal der polare Gegensatz von Licht und Finsternis, zum anderen der ebenso grundsätzliche Unterschied von durchsichtiger und undurchsichtiger Farbe. Beide Aspekte sind in den »Hülsenbeckschen Kindern« als unauflösliche Einheit dargestellt. Der strahlend lichte Sonneneinfall von links zeigt den Morgen an. Reste der schwindenden Finsternis sind die dunklen Silhouetten der großen Sonnenblumenblätter *(Abb. 18, 20)*, die sich vor allem im unteren Bereich der Staude wie Er-

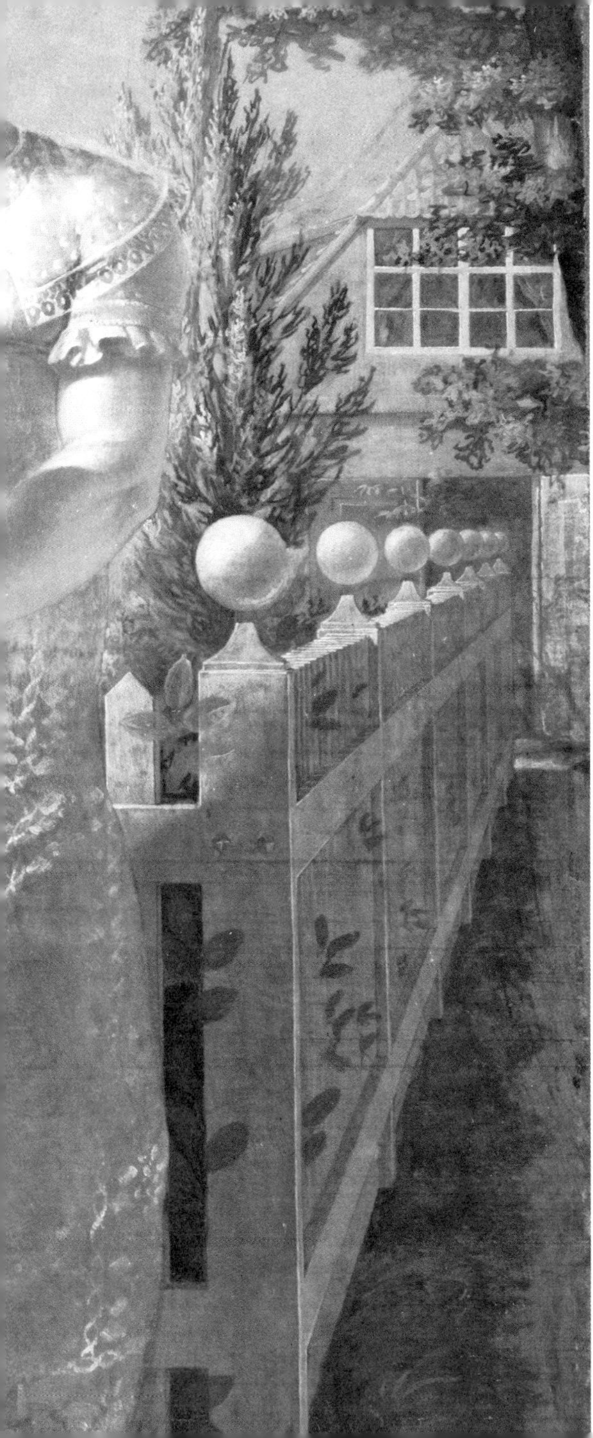

14 *Philipp Otto Runge, Die Hülsenbeckschen Kinder*, Ausschnitt. *In der jähen Perspektive des Gartenzauns erscheint die geometrische Grundordnung der Bildillusion verdeutlicht. Die Reflexlichter auf den Latten zeigen die Sonnensättigung des Raums auch in seinen Schattenzonen an*

zeugnisse des von Runge meisterhaft ausgeübten Scherenschnitts abheben,[18] ferner die dunklen Zonen des Leiterwagens und Gartenzauns am rechten Bildrand *(Abb. 14, 18)*. Die beginnende Erleuchtung der Welt bei gleichzeitigem Rückzug der Finsternis hat Runge auch in der im Sommer 1805, kurz vor den »Hülsenbeckschen Kindern« angefangenen, aber unvollendet gebliebenen »Ruhe auf der Flucht« *(Abb. 15)* zum übergeordneten Thema erhoben.[19] Die Lichtsättigung des dunklen Raumes vollzieht sich gleichsam dynamisch vor den Augen des Betrachters. Die Leere zwischen den Kindern, Pflanzen und Dingen ist als durchsichtiges Medium für die eingedrungene Sonne aufgefaßt. Sie wird in den nicht unmittelbar von ihr beleuchteten Partien mittelbar reflektiert. Die Gegenstände werden hier also nicht, wie bei den Klassizisten, mehr oder weniger vom Schatten verschluckt, sondern eher magisch mit eigener Leuchtenergie aufgeladen. Vor allem an den hölzernen Rädern und Latten des Leiterwagens erzeugt der Vorgang mit dem Buntwert der Lokalfarbe zugleich eine ungewöhnlich klare Ausprägung der dinglichen Form. Sie erscheint hier kaum weniger prägnant als auf den voll vom Licht beschienenen Armen oder auf dem Kopf des Kleinkindes. Dasselbe beobachtet man an den verschatteten Armen und Händen der beiden größeren Kinder an der Deichsel *(Abb. 18, 19)*.

15 *Abb. auf Seite 30/31, Philipp Otto Runge, Die Ruhe auf der Flucht, 1805, Öl auf Leinwand, 96,5 x 129,5 cm, Hamburger Kunsthalle. Die »Ruhe auf der Flucht« wandelt das Thema »Morgen« ab. Das erwachende Jesuskind spielt mit den Fingern im Licht der über dem Niltal aufgehenden Sonne. Im »Kleinen Morgen« wird das Thema fortgeführt, vgl. Abb. 42.*

»So können wir über die gleichgültigsten Gegenstände oft einen Reiz verbreitet sehen, der meistens in der *Erleuchtung* der zwischen uns und dem Gegenstande befindlichen Luft liegt, als in der *Beleuchtung* seiner Formen«, heißt es in dem erwähnten Brief Runges an Goethe. Der Schatten müsse immer die Farbe durch-

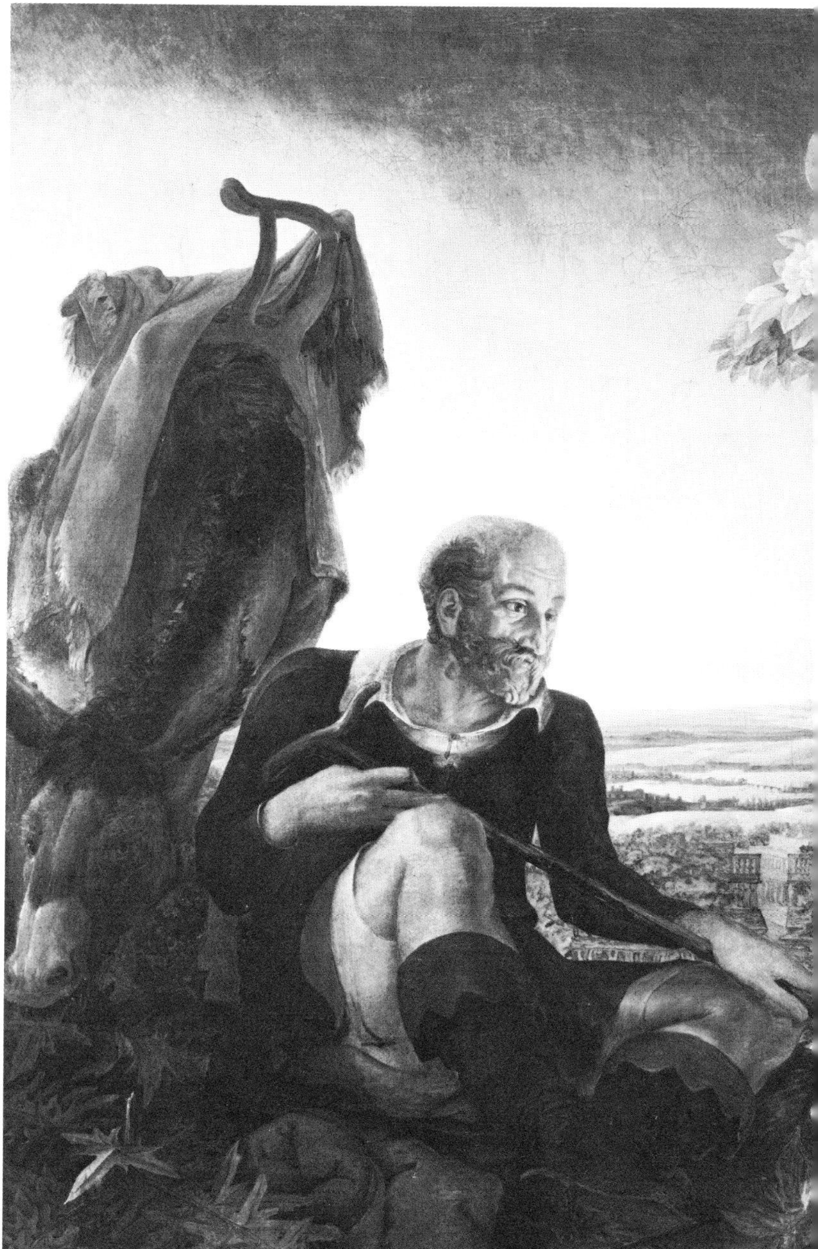

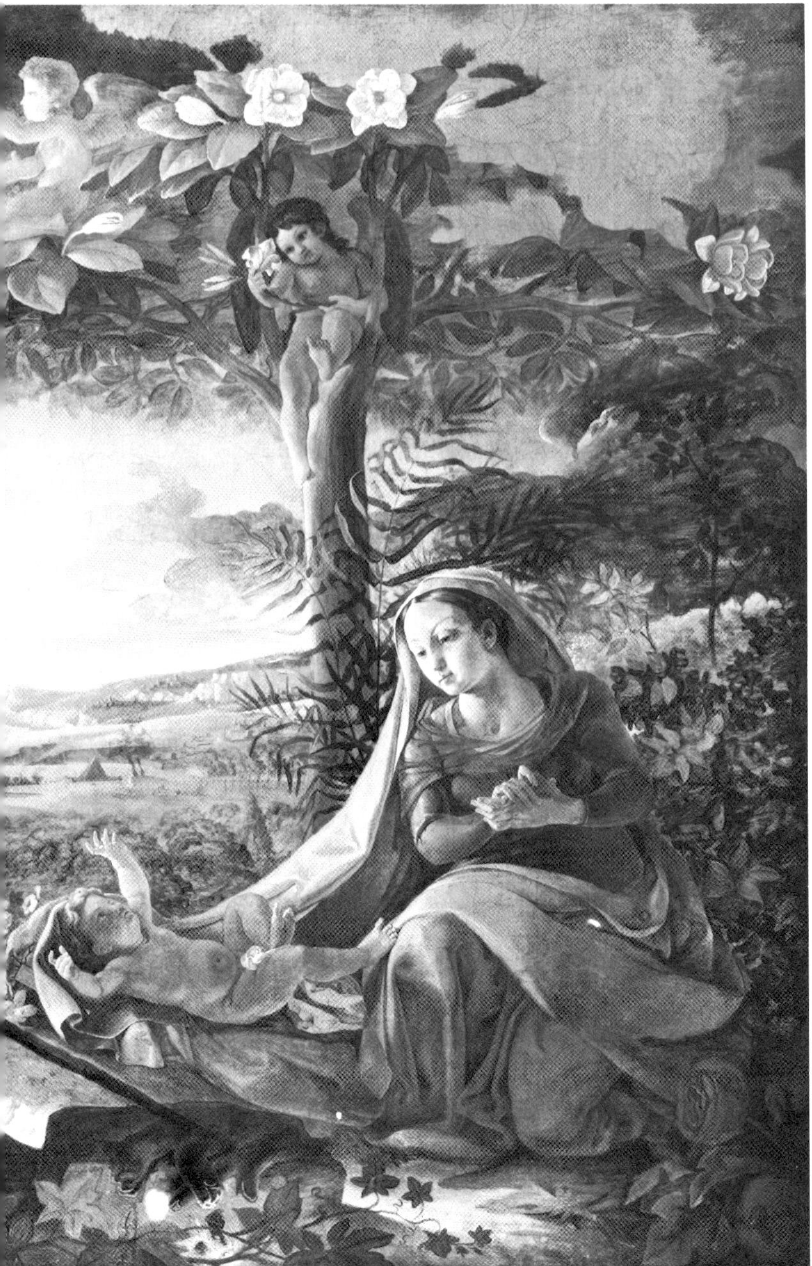

scheinen lassen, sei immer durchsichtig, teilte der Maler dem schwäbischen Dichter Karl Mayer mit.[20] Die kompakte Gestalt dagegen war für Runge gleichbedeutend mit undurchsichtiger Farbe. Diese erschien ausschließlich auf der Oberfläche. Die nach seinem geformten Volumen genau begrenzte Oberfläche eines Körpers war demgemäß scharf abgesetzt von dem Raum, den er verdrängte wie ein Fisch das Wasser. Hieraus ergibt sich die innere Verbindung zwischen Runges Licht- und Farbenlehre und seinem Konturenstil als Grundlage einer ganz besonderen Plastizität. Sie degradiert den Zwischenraum durchaus nicht zur quantité négligeable. Im Gegenteil, sie erhöht ihn vielmehr zu einem ästhetisch gleichrangigen Bildsujet. Das Licht, auch in der Verschattung noch durchsichtiges Element der Unendlichkeit, definiert alles, was von ihm zu stofflicher Erscheinung gebracht wird, als Gegensatz. Licht war in den Augen Runges das schöpferische Prinzip des Universums. Licht machte das Irdisch-Undurchsichtige als sein Geschöpf anschaubar, oder war, in der Ausdrucksweise Schellings, das ins Reale scheinende Ideale.[21]

Eine Kunst, die dies darstellte, war nicht klassizistisch, sondern romantisch. In ihr erwies sich die primitive Anwesenheit dumpfer Materie als Brechung einer höheren Helligkeit.

Das Handgreifliche

Hier haben wir den Punkt erreicht, wo der Stil zum Inhalt des Werkes wird. Das künstlerische Insistieren auf Lokalpräsenz muß mit der Anordnung der Gestalten im Bildformat zusammengesehen werden. Dreierlei ist dabei zu beachten. Erstens: Die Personen agieren nahräumlich in der vordersten Zone. Zweitens: Ihr flächenmäßiger Abstand vom Bilderrahmen erscheint nicht wesentlich größer als ihr innerbildlicher Abstand vom Gartenzaun einerseits, von der vorderen Bildebene andererseits. Drittens: Wir befinden uns auf gleicher Augenhöhe mit den Kindern. Alle drei Momente bewirken gemeinsam eine suggestive Teilhabe des Betrachters an ihrer Erfahrungswelt.

In dem umhegten Spielraum der Kinder mit seiner geringen Reichweite ist nichts von oben herab gesehen. Die sich bildeinwärts beschleunigende Zaunperspektive *(Abb. 14)* findet an der elterlichen Hausfront bereits wieder ihr Ende. Alles ist zum Anfassen dicht und nah, prall und rund. Was Runge 1808 über seine kleine Tochter Maria Dorothea *(Abb. 4)* schrieb – sie sei »so glatt und rund, daß es eine lust und freude ist und so prall, daß wenigstens Flintenkugeln abprallen«[22] –, hatte er malend bereits an den Kindern seines Freundes Hülsenbeck beobachtet. Das Volle, Gepolsterte ihres Inkarnats, Echo des strotzenden Wachstums der Sonnenblume, erscheint in den Kugeln auf den Zaunpfosten zum stereometrischen Form- und Tasterlebnis gereinigt *(Abb. 13, 14)*. Die oben beschriebene Gestaltung einer fest umrissenen, aus dem Gegensatz zum unfaßbaren Lichtraum gesteigerten Körperlichkeit muß thematisch verstanden werden. In ihr stellt sich ein entschieden handgreiflicher Umgang mit den Dingen dar, d. h. ein spezifisch kindliches Verhältnis zur Umgebung.

Dies ist keine anachronistische Vorstellung aus dem Blickwinkel moderner Kinderpsychologie. Johann Gottfried Herder, in mancherlei Hin-

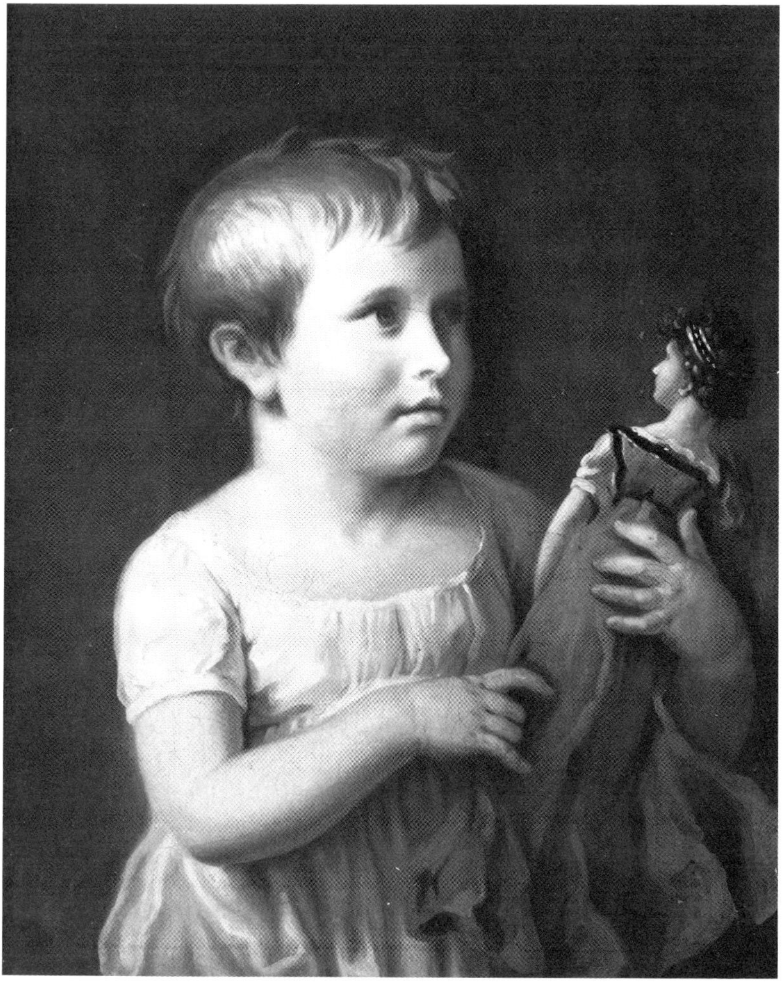

sicht ein Bahnbrecher auf dem romantischen Weg zurück zur Ursprünglichkeit, hatte schon 1778 in seiner Schrift über Plastik den Leser aufgefordert, in die Spielkammer des Kindes zu kommen und zu sehen, wie »der kleine Erfahrungsmensch fasset, greift, nimmt, wägt, tastet, mißt mit Händen und Füßen, um sich

16 *Wilhelm Tischbein, Bildnis der Cornelia Wilhelmine Amsinck, 1805, Öl auf Leinwand, 53,9 x 46,5 cm, Hamburger Kunsthalle*

überall die schweren, ernsten und notwendigsten Begriffe von Körpern, Gestalten, Größe, Raum, Entfernung u. dgl. treu und sicher zu verschaffen«.[23]

Solch kindliches Verhalten suchte offenbar Wilhelm Tischbein, berühmt durch seine Darstellung Goethes in der Campagna, 1805 im Bilde der Hamburger Patriziertochter Cornelia Wilhelmine Amsinck *(Abb. 16)* einzufangen.[24] Der künstlerische Abstand zu Runge, unter dessen Einfluß der 1800 in die Hansestadt übergesiedelte ehemalige Direktor der Neapeler Akademie damals stand, ist beträchtlich. Der Wille zur Nahsicht wird durch den umgebungslosen Blick des Mädchens ins Unbestimmte und durch die diffuse Weichheit der Malweise widerlegt. Demgemäß bleibt das lok-

17 *Philipp Otto Runge, Die Mutter an der Quelle, 1804, Öl auf Leinwand, 62,5 x 78,1 cm, ehemals Hamburger Kunsthalle, 1931 im Münchner Glaspalast verbrannt*

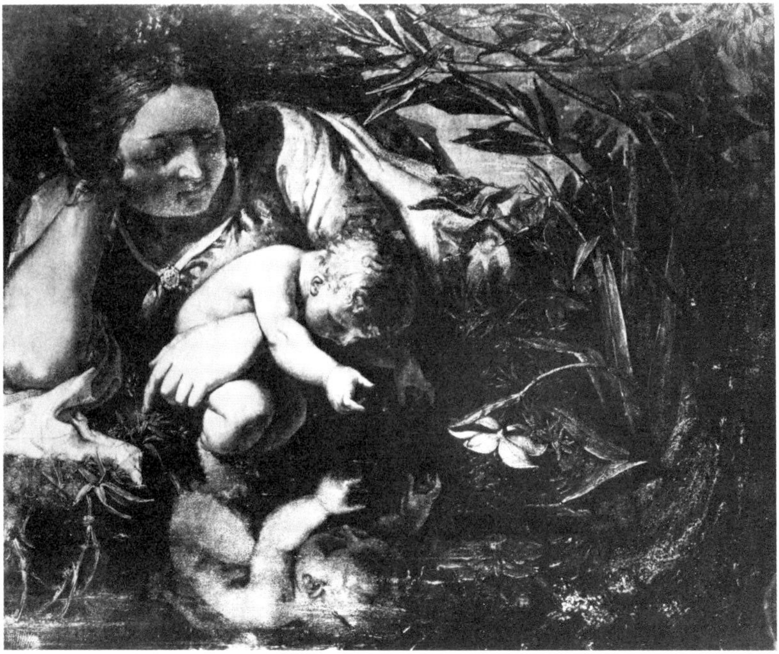

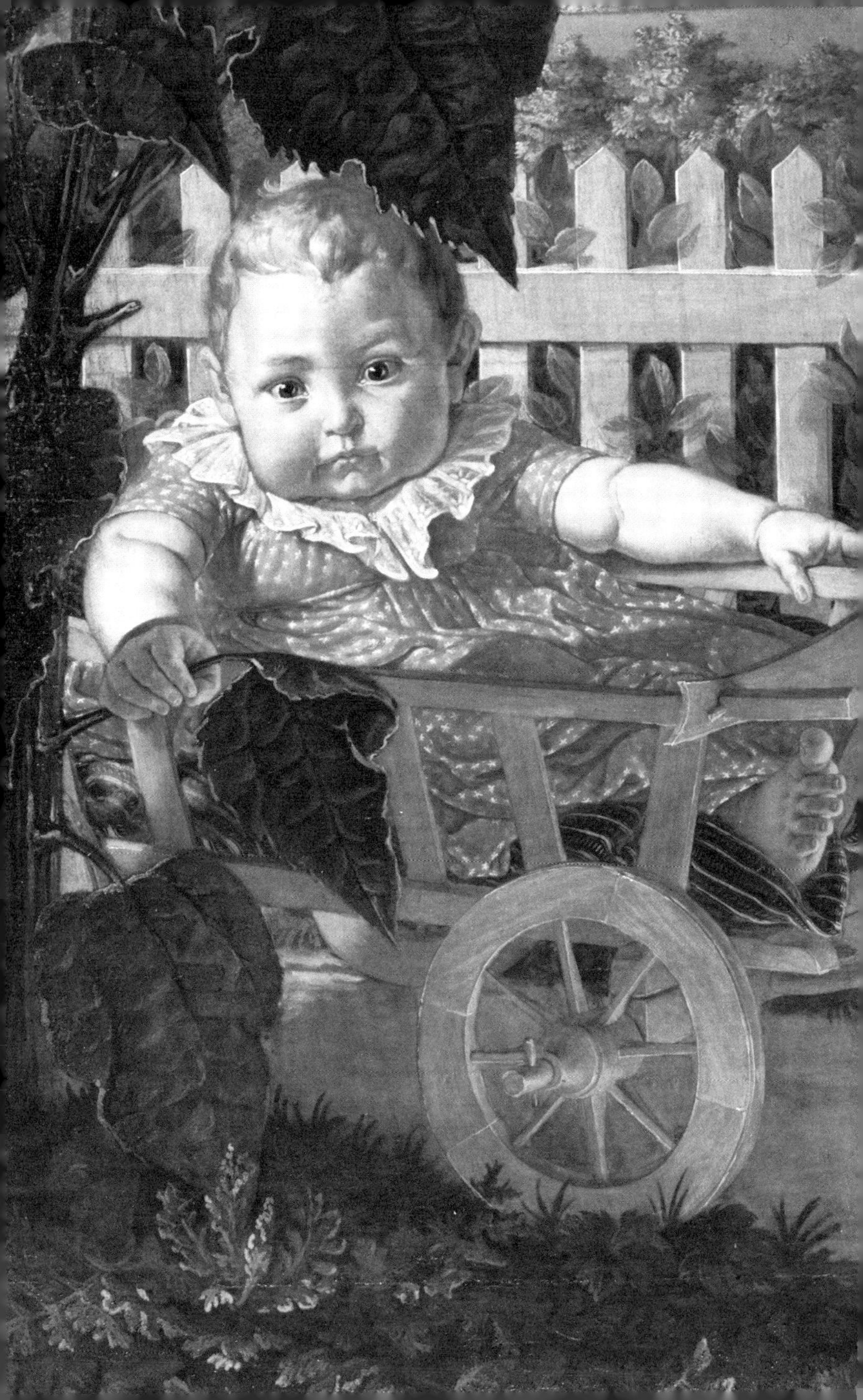

kere Umfassen der Puppe attributiv und ängstlich, vergleichbar dem vorsichtigen Präsentieren einer wertvollen Statuette durch einen Antiquar oder der Armhaltung eines schüchternen Tänzers. Dagegen wurde in Runges Gemälde »Die Mutter an der Quelle« von 1804 *(Abb. 17)* das Greifen des Kindes zum sinnlichen Ereignis paradiesischer Unschuld gesteigert. Der Säugling beugt sich aus dem bergenden Arm der Mutter über sein Spiegelbild im Wasser, das seine Füße noch umfängt. Die Quelle ist Sinnbild der Geburt aus dem Lebensprinzip der Natur. Die Hinwendung des Kindes wird zum Symbol für eine beginnende Aneignung der Welt aus kürzester Distanz. Das aus den Schriften des barocken Mystikers Jakob Böhme abzuleitende Quellenmotiv wurde auf diese Weise einer romantischen Ratio unterzogen.[25]

Für die Systematik, mit der Runge dabei ans Werk ging, sind die »Hülsenbeckschen Kinder« das Musterbeispiel. Das haptische Verhalten erscheint nach Altersphasen genau unterschieden und ausdrucksmäßig jeweils auf den Bewußtseinsgrad abgestimmt. Das Kleinkind ist noch ganz ohne Einsicht in das Geschehen *(Abb. 18)*. Mehr Objekt als Subjekt des Spiels, behindert es die mit ihm veranstaltete Fahrt im Leiterwagen, indem es mit der Rechten den Stengel eines Sonnenblumenblatts umklammert. Das Gesicht wendet es weniger blikkend als äugend, fast glotzend nach außen zum Betrachter. Das mittlere Kind agiert bereits in der Klarheit wacher Augen *(Abb. 19)*. Beide Hände sind greifend mit einem zum Greifen

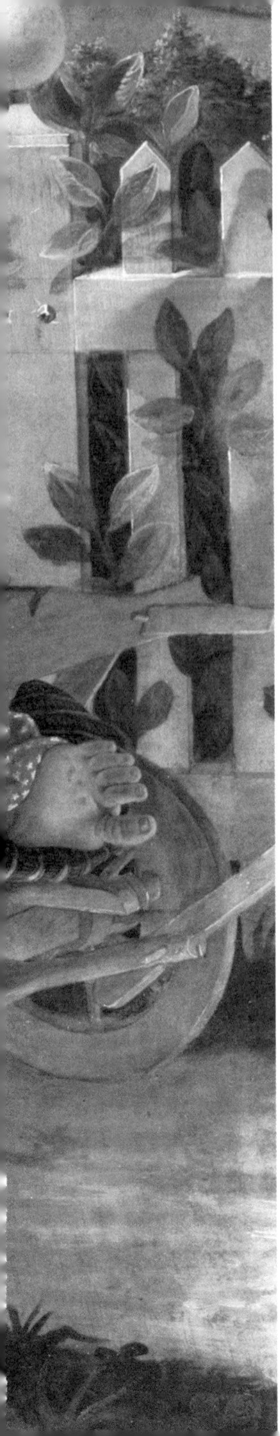

18 *Philipp Otto Runge, Die Hülsenbeckschen Kinder,* Ausschnitt

bestimmten Gegenstand verbunden, die rechte mit dem Griff der zum Knall erhobenen Peitsche, die linke mit der Deichsel des gezogenen Wagens. Das größere Mädchen daneben vertritt eine zusätzliche Differenzierung. Die linke Hand am Deichselgriff, hat es im Einklang mit der Kopfwendung den rechten Arm mit geöffneter Hand zum kleinen Bruder im Wagen zurückgestreckt, wohl um ihn zum Loslassen des Blattstengels aufzufordern. Die Kinderhand ist frei geworden zur Gebärde *(Abb. 13, 19)*. Die Abänderungen gegenüber der Vorzeichnung *(Abb. 8)* brachten gerade in dieser Hinsicht eine deutliche Klärung. Vor unseren Augen vollzieht sich jetzt eine schrittweise Entfaltung kindlichen Handelns vom bloßen Anfassen über funktionales Bewerkstelligen zu gestischer Gelöstheit.

19 *Philipp Otto Runge, Die Hülsenbeckschen Kinder,* Ausschnitt.
Das Anfassen mit den Händen, das Umgreifen und Ausgreifen gehört zum Thema der »Hülsenbeckschen Kinder«. Runge stellte damit die kindliche Erfahrungsweise der Welt dar

Bewußtseinsentfaltung

Der Vorgang kann – im Sprachgebrauch der pflanzlichen Bildwelt des Malers – mit dem langsamen Aufbrechen der geschlossenen Knospe zur sich öffnenden Blüte verglichen werden. Es ist bestimmt kein Zufall, daß der Dreizahl der Kinder an der Sonnenblumenstaude drei Knospen und drei aufgegangene Blüten antworten *(Abb. 20)*. Der lebendigen Entfaltung entspricht die wachsende Entfernung der Kinder von der Sonnenblume bei gleichzeitiger Annäherung ihrer Köpfe an die Höhe der Blütenkelche. Trifft diese Betrachtung zu, so muß die Sonnenblume als Ursprungsmotiv und damit in Analogie zur Quelle im Gemälde von 1804 *(Abb. 17)* gesehen werden.

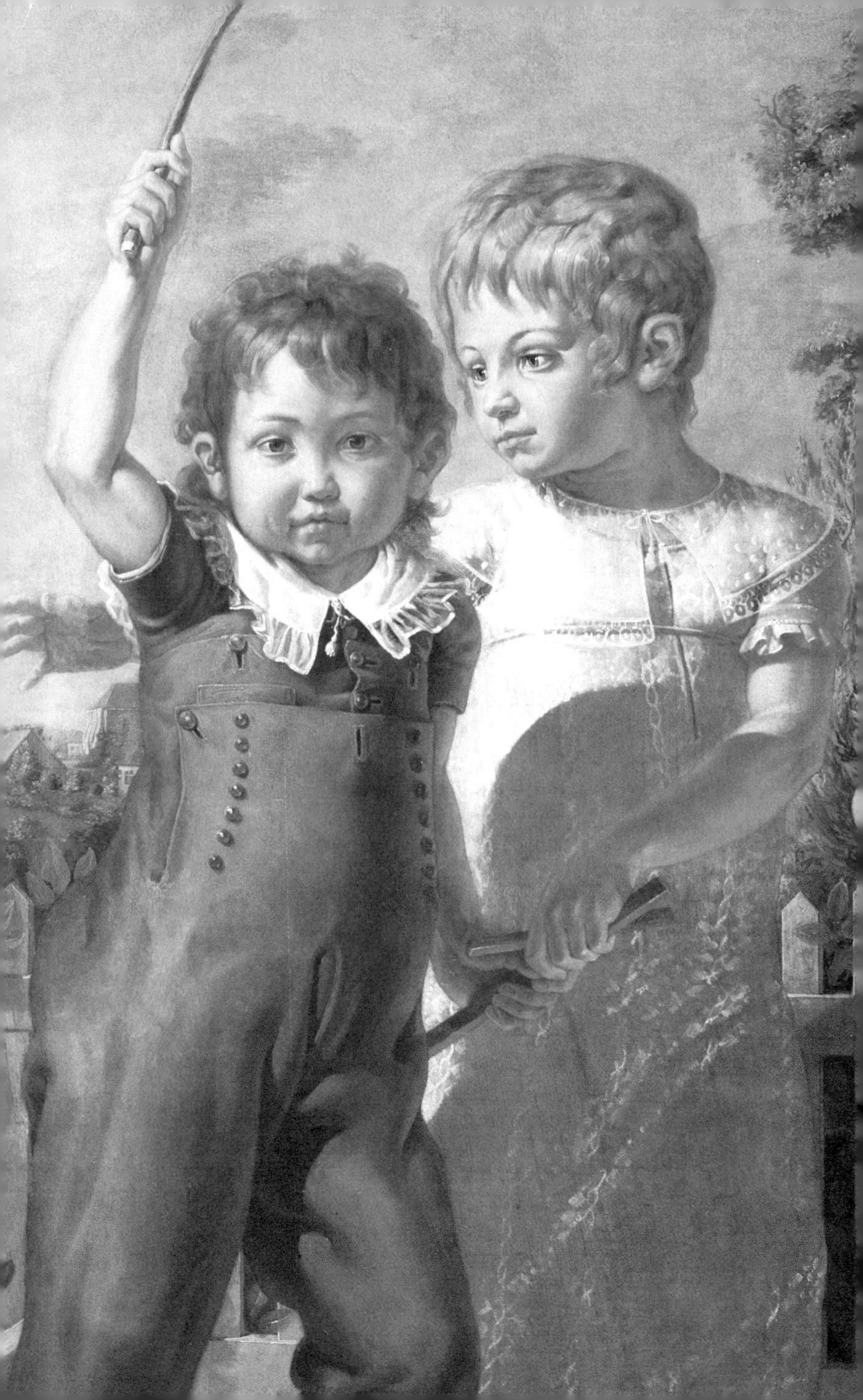

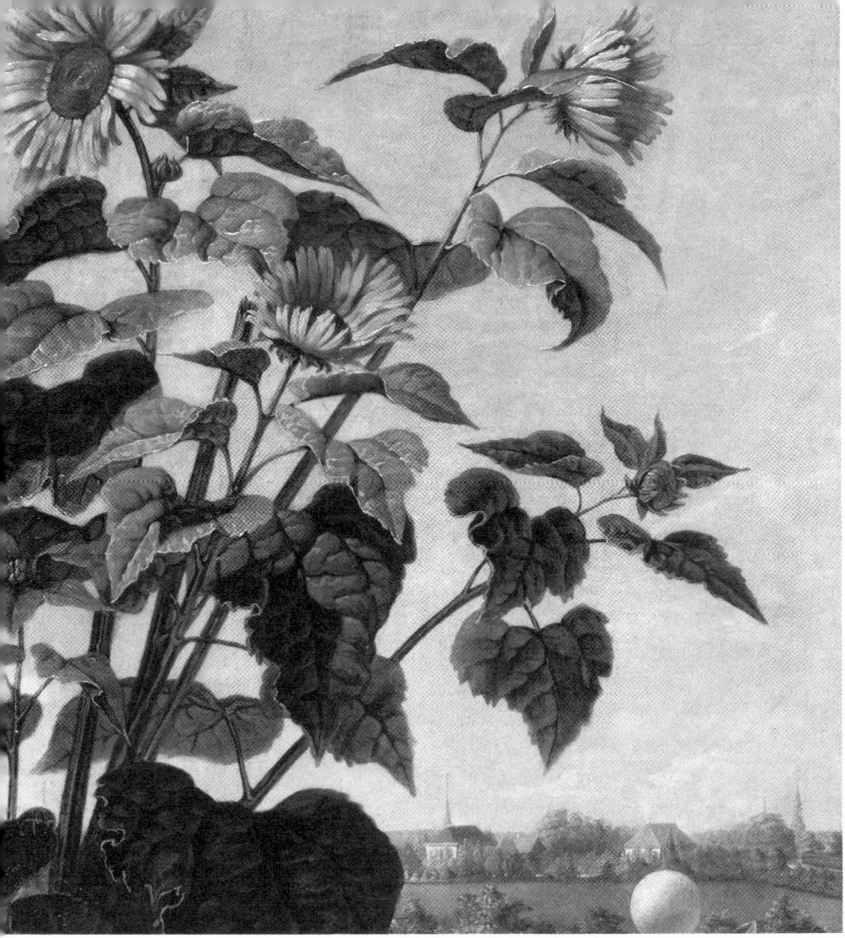

20 *Philipp Otto Runge, Die Hülsenbeckschen Kinder,* Ausschnitt

Die Bestätigung dafür findet man im Zyklus der »Zeiten«. In der »Nacht« *(Abb. 2)* bildet eine streng frontalisierte Sonnenblume *(Abb. 21)* die Mitte der dunklen Zone von Schlaf und »Traumes Weben« (J. Görres).[26] Die Selbstdarstellung des Unbewußten in der Dimension des Traumes war nicht erst eine Entdeckung der Psychoanalyse, sondern bereits der deutschen Romantik. Sie hat das Thema philosophisch abgehandelt und künstlerisch reflektiert. Das zeigt sich z. B. auch im Werk Caspar David Friedrichs.[27] »Ueber der Sonnenblume giebt's so kleine Sternblumen, die wie gelbe Funken davon fliegen«, schrieb Runge 1803. Sterne stehen auch einzeln über den Häuptern der kindlichen Genien auf den Mohnblüten oben, deren »Regularität ganz den Eindruck macht, wie das Himmelsgewölbe« *(Abb. 2)*. Der Mohn ist ein altes Sinnbild für einen bewußtlosen Zustand. In der Sonnenblume überdauert die untergegangene Sonne symbolisch ihre Abwesenheit. Die »Nacht« ist nach Runges Äußerung von 1807 »die gränzenlose Tiefe der Erkenntniß von der unvertilgten Existenz in Gott«, gerade deshalb aber nicht das Ende im Zyklus der »Zeiten«. Dieser erfährt im »Morgen« *(Abb. 1)* nach Runges eigener Aussage fortwährend seinen Neubeginn.[28] Aus der Periode des Todes geht die Neugeburt des Lebens hervor. Die stilisierte Sechseckigkeit des Blütenrades der Sonnenblume *(Abb. 21)* enthält die sechseckige Grund-

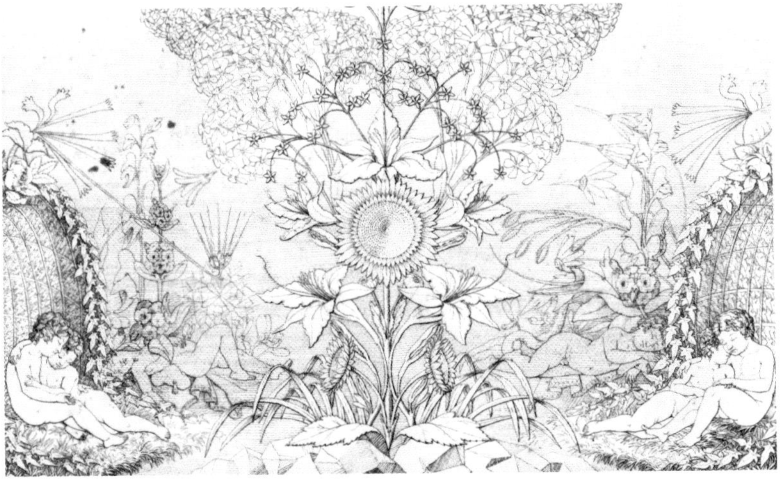

21 *Philipp Otto Runge, Nacht, 1803,* Ausschnitt, *vgl. Abb. 2*

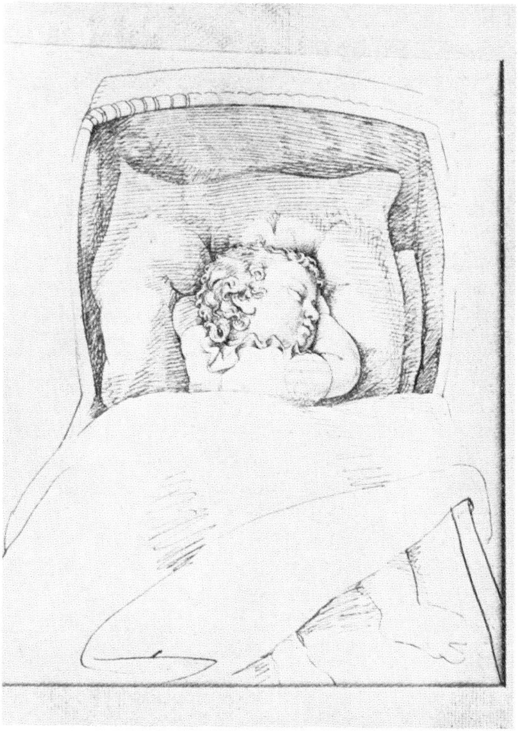

22 Philipp Otto Runge, Schlafendes Kind im Korbbett, 1806, Feder, 28,3 x 24,3 cm, ehemals Stettin, Stadtmuseum, seit 1945 verschollen. Die Zeichnung ist ein Beispiel für die Umsetzung der symbolischen Sicht der »Zeiten« in Wirklichkeitserfahrung. In der »Nacht« verweisen die schlafenden Kinder auf das Reich der Träume, das in der phantastischen Blütenwelt der Blumen als pflanzenhafte Unbewußtheit verkörpert wird, vgl. Abb. 21

figur des Rungeschen Farbenkreises, Erzeugnis des Lichts bei seiner Wiederkehr am Morgen. Die »Hülsenbeckschen Kinder« sind ein »Morgen«, übersetzt aus der geheimnisvollen Bildersprache der »Zeiten« *(Abb. 1)* in natürliche Anschauung. Das Thema der psychosomatischen Entfaltung in der Frühe des Lebens läßt sich nun durch die symbolische Lesart weiter entschlüsseln. Die Sonnenblume steht da, wo sich im Bilde der Himmel rosa färbt. Angestrahlt aus der Richtung des Aufbruchs der Kinder, ragen die oberen Blätter und die gelben Blütenköpfe gegen den hellen Himmel *(Abb. 20)*. In den Silhouetten der unteren Blätter scheint noch weitgehend die Nacht assimiliert, die

Lethargie eines unerwachten Seins. Das rote Kleid des Kleinkindes, das den Stengel eines dieser finsteren Blätter umgreift, ist mit unzähligen Sternen gemustert *(Abb. 18)*. Das gleiche Kleid trägt auch Runges kleiner Sohn Otto Sigismund in seinem Porträt *(Abb. 3)* von Ende 1805. Die Potenzierung eines unbewußten Zustandes, den das Kleinkind unter der Sonnenblume auf seine Weise ebenso vertritt wie die Traumwelt der »Nacht« *(Abb. 21)*, ließ sich auch im Thema des schlafenden Kindes darstellen. Runge hat es in der »Nacht« durch die in Lauben schlafenden Kinder symbolisch *(Abb. 21)* und in einer Zeichnung von 1806 *(Abb. 22)* im Gewand der Wirklichkeit behandelt.[29] Der aufgeweckte Peitschenknabe *(Abb. 19)* ist mit der Sonnenblume zwar nicht mehr körperlich, aber doch farblich durch das Grün seines Hosenanzugs und das Gelb seiner Schuhe verbunden. Seine Haltung ist so gut wie austauschbar mit derjenigen des Helden Fingal im »Charakterbild« *(Abb. 10)* des Ossianzyklus, welcher dort »mit der Sonne von Osten« heraufsteigt und diese als seinen Schild mit sich trägt.[30] Im weißen Kleid des sorgsam umsichtigen Mädchens erscheint das Sonnenlicht voll materialisiert und blendend reflektiert.

Ausgesperrte Zukunft

Mit dem Milieu haben wir den Kreis eröffnet, in welchem die »Hülsenbeckschen Kinder« ihr Spiel im Garten betreiben. Zur Milieufrage kehren wir zurück, ohne mit einer Antwort den Kreis schließen zu können. Denn die dargestellte Kindernatur macht ihn nach außen hermetisch, in sich aber unendlich wie die Schlange der Ewigkeit, welche im »Morgen« sich in den eigenen Schwanz beißt *(Abb. 1, 23)*.[31]

Den »Hülsenbeckschen Kindern« wurde nachgesagt, sie nähmen im Spiel ihr Erwachsensein in der Reproduktion der bürgerlichen Kleinfamilie vorweg als Hoffnungsträger einer neuen Gesellschaft.[32] Das Gegenteil wurde den Blumenkindern der »Zeiten« *(Abb. 1, 2)* bescheinigt. Verglichen mit denjenigen William Blakes *(Abb. 24)* würden sie nicht auf Mündigkeit abzielen. Sie seien statisch affirmative, nicht dynamisch fragende Symbole und ihre Aussage deshalb um eine entscheidende Dimension flacher und ärmer.[33] Wechselt man den Standpunkt, so lassen sich die beiden Thesen gegeneinander wenden. Das Ergebnis lautet dann umgekehrt: Runges Kindergestalten sind um soviel plastischer wie sie ihre gesellschaftliche Zukunft sichtbar aussperren.

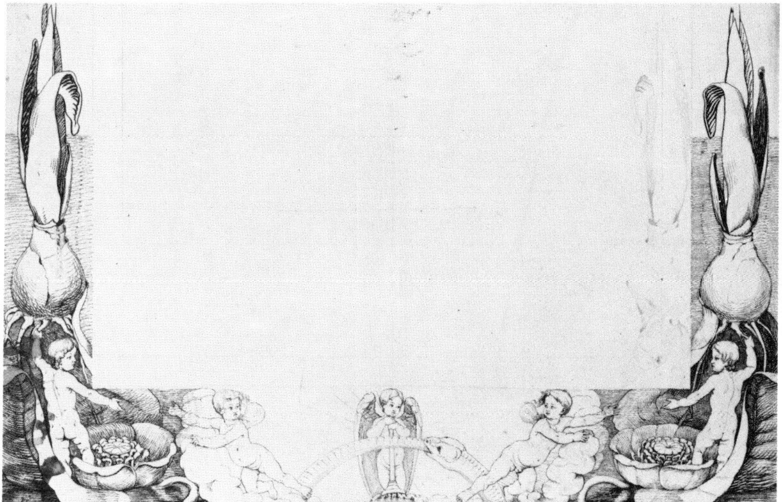

23 *Philipp Otto Runge, Entwurf zur unteren Hälfte des Rahmenbildes zum »Kleinen Morgen«, Feder, 56,1 x 89,9 cm, um 1807, Hamburger Kunsthalle, vgl. Abb. 42*

24 *William Blake, Titelblatt zu »Songs of Innocence«, 1789–1794, Reliefätzung und Aquarell, ca. 11,0 x 7,0 cm. Unter den europäischen Künstlern der Epoche steht Runge keiner so nahe wie der Engländer William Blake (1757–1827). In seinem Werk spielen Kinder und Pflanzen ebenfalls eine große Rolle. Auch die Liniensprache und der mystische Grundton sind vergleichbar. In seinem »Book of Job« (1825) wurde Blake offensichtlich von Runges »Zeiten« beeinflußt*

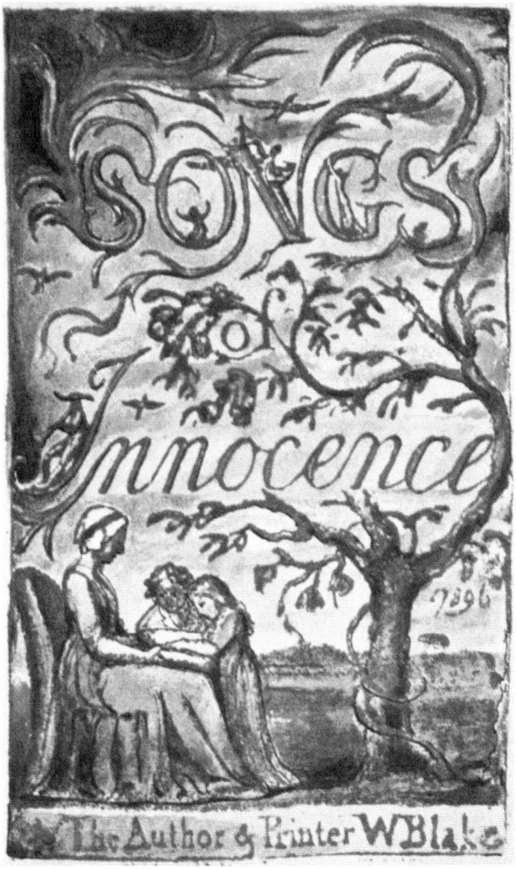

Das geschieht in den »Hülsenbeckschen Kindern« vor den Augen des Betrachters. Im Hintergrund über dem abschirmenden Zaun vertreten die verschiedenen Gehöfte, ergänzt durch die Kirchtürme der Kaufmannstadt, eine spätere Berufswelt *(Abb. 13)*. Das gilt vor allem für die Färberei, Teil der Hamburger Kattunindustrie, die englische Baumwollstoffe für den europäischen und überseeischen Markt färbte.[34] Daß Runge diesen symbolischen

Schluß, von dem die Kinder naturgemäß keine Notiz nehmen, gewollt hat, bestätigen vergleichbare Werke von seiner Hand.
In der »Kleinen Perthes« *(Abb. 25)*, gemalt ebenfalls im Herbst 1805, ist die Tochter des Buchhändlers auf einen ans Fenster gerückten Stuhl gestiegen. Damit machte der Maler von einer zweiten Möglichkeit Gebrauch, die Augenhöhe des Kindes derjenigen des erwachsenen Betrachters anzugleichen. Auf dem ihr fremden Niveau muß sich die Kleine mit einer Hand an der Stuhllehne festhalten. Der Fensterausblick trennt die häusliche Enge von der landschaftlichen Weite. Das einstrahlende Sonnenlicht, das im gelben Kleid des kleinen Mädchens als undurchsichtige Farbe verstofflicht wird, stellt die immaterielle Verbindung mit dem natürlichen Zeitlauf her. Die räumliche Polarität enthält die Dimension eines kommenden Lebens, versinnbildlicht durch das Schiff auf der Alster und die heute verschwundene Windmühle auf der Lombardsbrücke, die dort wie eine Uhr einst ihre Flügel drehte.
Im Elternbildnis von 1806 *(Abb. 26)* umgreift rechts unten Runges Sohn Otto Sigismund den Stengel einer Feuerlilie wie sein etwas größerer Cousin das Handgelenk seines Spielgefährten. Gleich ihren Hülsenbeckschen Altersgenossen werden die Enkelkinder von einem Zaun, hier aus Brettern, hinterfangen. Darüber erscheint fern und klein, wie ein Bild im Bilde, die Reede ihres Großvaters *(Abb. 27)*. Die Schiffe transportieren wieder die Vorstellung von Lebenszeit, für die Alten vor Anker gegangen, in bezug auf die Knaben einen Aufbruch ankündigend, der ihrem eigenen Blickfeld durch den Zaun aber noch entzogen ist.[35]

25 *Philipp Otto Runge, Die kleine Perthes, 1805, Öl auf Leinwand, 143,5 x 95,0 cm, Weimar, Staatliche Kunstsammlungen. Dargestellt ist die kleine Tochter des bedeutenden, mit Runge befreundeten Buchhändlers und Verlegers Friedrich Perthes, der 1840/41 in zwei Bänden die »Hinterlassenen Schriften« des Malers herausbrachte. Im Hintergrund sieht man auf der Lombardsbrücke, welche Innen- und Außenalster voneinander trennt, die heute längst verschwundene Windmühle*

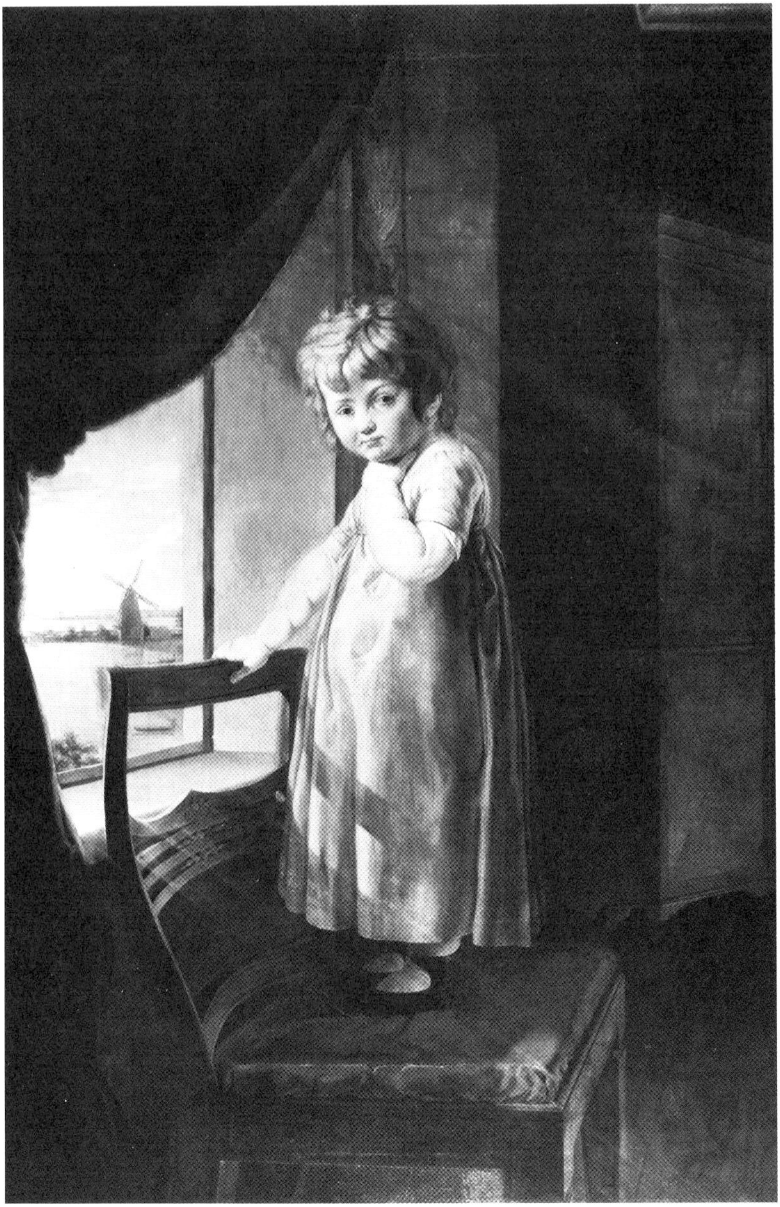

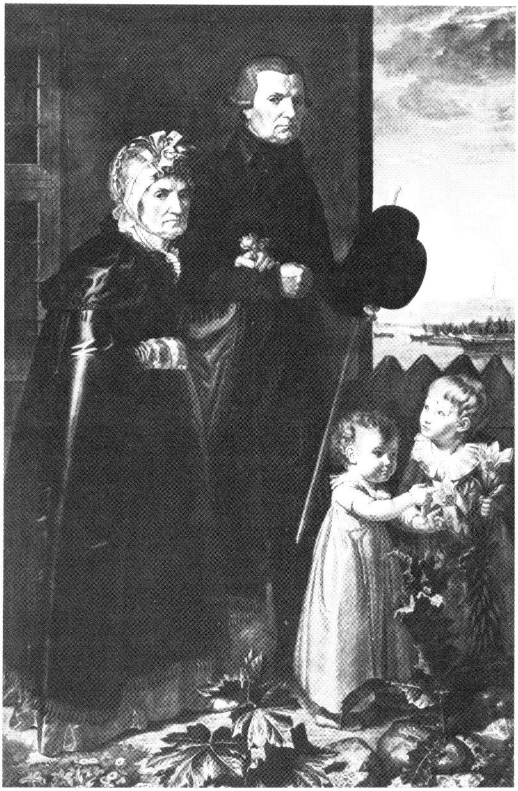

26 *Philipp Otto Runge, Die Eltern des Künstlers, 1806, Öl auf Leinwand, 196,0 x 131,0 cm, Hamburger Kunsthalle. Im Gegensatz von Großeltern und Enkeln wiederholt sich der Rhythmus von »Abend« und »Morgen« aus dem Zyklus der »Zeiten«*

Das landschaftliche Kontrastmotiv der Ausgrenzung, welches die Zukunft als einen dem Kind wesensmäßig fremden Bereich definiert, läßt sich durchaus auf das Milieu der Rungeschen Porträtkunst beziehen. Es ist die gleiche Trennung, mit der sich die kindlichen Gestalten scharflinig von ihrer Umgebung absondern und gegen den harten Widerstand einer vorgeprägten Wirklichkeit zu bewegen lernen. Das geschieht auf eng gezogener Bahn, Merkmal überschaubar geregelter Verhältnisse in der nüchtern abgezirkelten Lebensordnung ihres bürgerlichen Elternhauses.

27 *Philipp Otto Runge, Die Eltern des Künstlers,* Ausschnitt

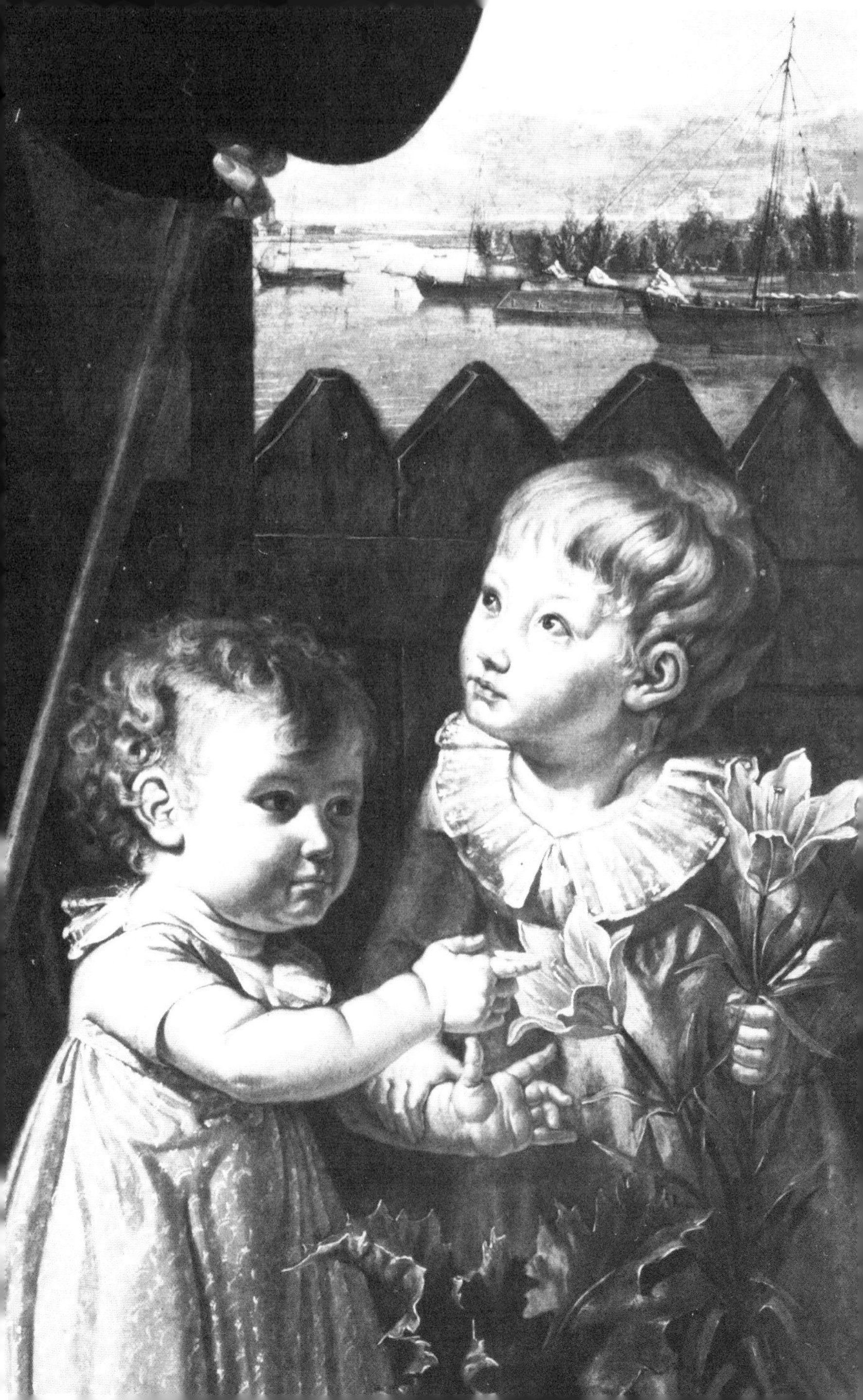

Der Eingangsvergleich mit dem Kindergruppenbild von Lawrence *(Abb. 28)* erlangt jetzt seinen vollen Stellenwert. Die gefühlvolle Weitläufigkeit des Landschaftsgartens mit ihrer fiktiven Grenzaufhebung des väterlichen Besitztums und die milde Dämmerung der integrierenden Malweise, aus welcher sich die Kinder auch durch die hervorhebende Beleuchtung nicht ganz zu lösen vermögen, schaffen einen einheitlichen Empfindungsraum. Er schließt die Vorstellung von zäsurloser Zeitlichkeit ein. Für diese geborenen Aristokraten gibt es nicht den Komplementärkontrast einer fremden Berufs- und Alltagswelt, wenigstens nicht im adeligen Auge des Bildbestellers. Ausgrenzung in diesem Sinne käme hier einem Stilbruch gleich. Die summarisch behandelte Stadt in der Ferne steht nicht für konkretes Arbeitsleben, sondern für Urbanität. Bei Lawrence läßt sich das Thesenspiel um die Erwartung einer erwachsenen Rolle im Kinderporträt ohne weiteres anwenden. Der Akzent muß nur anders gesetzt werden. Die beiden Söhne des 1. Earl Talbot tragen die Einheit mit ihrer gesellschaftlichen Zukunft auf die ihnen angemessene Weise zur Schau, nämlich als Standeszugehörigkeit. Inmitten der erblichen Großzügigkeit ihres weiten Spielgeländes ist sie ihnen mit dem malerischen Reichtum des hochbezahlten Modeporträtisten auf den Leib geschrieben. Im Vergleich zu Runge aber bleibt die Kindlichkeit dieser Kinder ohne Kontur. Ein ausschließliches und ausschließendes Dasein in reiner Gegenwart geht ihnen ab.

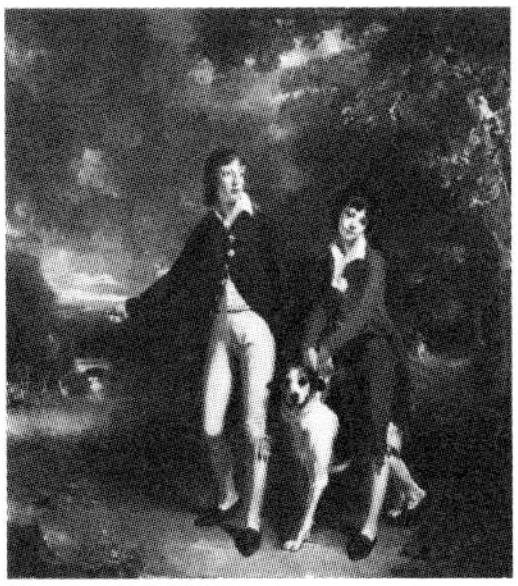

28 *Thomas Lawrence, Die beiden Söhne des 1. Earl Talbot, 1792/93, vgl. Abb. 5*

Kindliche Eigenständigkeit

Die künstlerische Entdeckung und Gestaltung kindlicher Eigenständigkeit setzte offenbar das erlebte Gegenbild von Arbeit und Beruf voraus. Das streng protestantische Pflichtenethos in Runges Familie und in seinem hanseatischen Freundeskreis kann dabei als zusätzliches Moment verstanden werden. Auf diesem Boden dichtete Matthias Claudius sein durch schlichte Gegenständlichkeit ansprechendes Abendlied:

»Der Mond ist aufgegangen,
Die goldnen Sternlein prangen
Am Himmel hell und klar ...«

Auf diesem Boden auch wurde erstmals das *Es war einmal* der »Kinder- und Hausmärchen« der Brüder Grimm (Erstauflage 1812) zu Papier gebracht, und zwar 1806 von Runge. Mit seinen beiden in plattdeutscher Mundart erzählten Märchen »Von dem Machandelboom« und »Van den Fischer un siine Fru« ist der Maler zum Dichter geworden und zum erklärten Vorbild der berühmtesten deutschen Märchensammlung.[36]

Nicht in Hamburg, aber doch auf der Grundlage einer ähnlich von Frömmigkeit und Wirklichkeitssinn gekennzeichneten Unterscheidung des kindlichen vom erwachsenen Menschen sollte auch die junge Disziplin der Pädagogik ihre ersten Schritte tun. In der Schweiz hatte Johann Heinrich Pestalozzi (1746–1827) schon im 18. Jahrhundert unter dem Einfluß Rousseaus die Natur zur Grundlage der Erziehung gemacht und im Waisenhaus zu Stanz 1798/99 Kinder durch Kinder unterrichten lassen.[37] Friedrich Fröbel (1782–1852) entwickelte aus

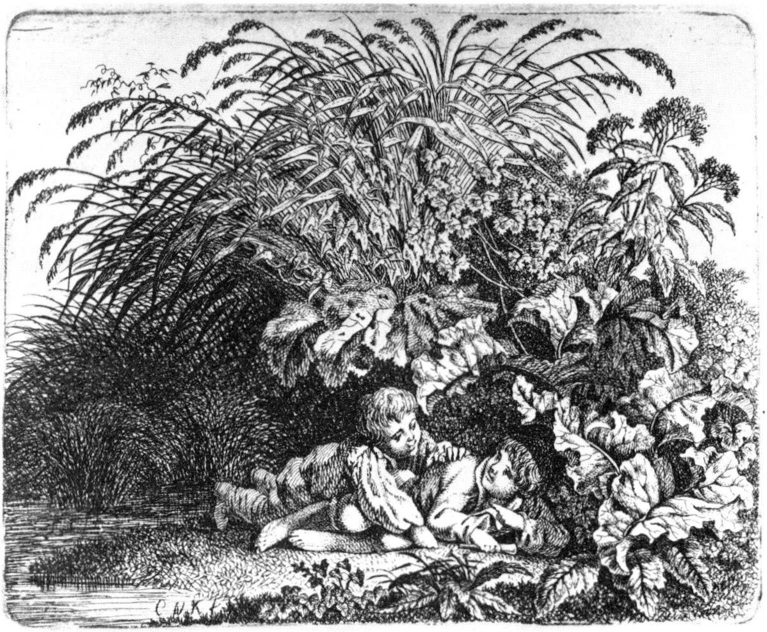

29 *Carl Wilhelm Kolbe, Zwei Knaben im Schilf, undatiert, Radierung, 10,0 x 12,8 cm. Kolbe gehört mit seinen eigenwilligen Schilf- und Kräuterdarstellungen zu den Einzelgängern in der Kunst um 1800*

dem kindlichen Spiel im Garten die Idee des »Kindergartens«. Der erste wurde 1840 gegründet.
Sozial- und kulturgeschichtliche Bezüge können dazu beitragen, dem Bildverständnis einen angemessenen Rahmen zu geben. Der unverwechselbare Bildausdruck Runges ist damit nicht erfaßt. Durch ihn transzendiert sich das im Kunstwerk gespiegelte Milieu ins Allgemeine, Mythische. Es erscheint dann sekundär, weniger Bedingung als Begleitumstand der schöpferischen Aussage. »Wo Kinder sind, da ist ein goldnes Zeitalter«, hieß es 1798 bei Novalis.[38] Mit dem romantischen Gartenzaun wurde die christliche Idee des alten Paradiesgärtleins gehegt, die Offenbarung einer verlorenen Welt in Unschuld. Der übergroße

Wuchs der Blumenwelt stand für wunderbare Ungebrochenheit, kindliches Leben im Ursprung. In der Dichtung hat es u.a. Runges Freund Ludwig Tieck behandelt, in der bildenden Kunst der Radierer Carl Wilhelm Kolbe *(Abb. 29)*.[39] Im geschwisterlichen Verhältnis von Kind und Pflanze sollte der gemeinsame Daseinsgrund spürbar werden, die paradiesische Abgeschlossenheit der Natur und ihres selbsttätigen Hervorbringens, der grundsätzliche Gegensatz zum Milieu des Schweißes, in welchem der Erwachsene sein Brot ißt.

Reflexion des Naiven

Indem Runge die Morgen-Ikonographie unbefleckter Lebendigkeit *(Abb. 1, 42)* einem extrem haptischen Bildmodus unterwarf, erzielte er eine für diese Thematik in der Kunstgeschichte wohl einzigartige Übereinstimmung von Inhalt und Form. Die Darstellungsweise ist selbst zum Abbild der dargestellten Erlebnisweise geworden. Dies bedingt ein eigentümliches Schillern des Kunstwerks. Da die Darstellungsweise auf genauester Beobachtung und psychologischer Reflexion des kindlichen Verhaltens durch einen Erwachsenen beruht, ist sie vom bildlichen Ausdruck, über welchen die Kinder selbst verfügen, durch Welten getrennt. Denn die »Kunst der Kinder« folgt dem gegenteiligen Prinzip. Sie macht die körperliche Gestalt zum Strichgebilde, das Räumliche und Runde flächig, das in seiner Fülle zu Begreifende zum mager Bezeichneten. Das zeigt z. B. eine Zeichnung des sechsjährigen Paul Klee von 1885 *(Abb. 30)*.

Wir wissen nicht, ob Runge die kindliche Gestaltungsweise als solche ästhetisch ernst genommen hat. Dies scheint im wesentlichen erst das »Imaginäre Museum« des 20. Jahrhunderts mit seiner inventarisierenden Bestandsaufnahme aller Möglichkeiten eines abbildenden Hervorbringens getan zu haben. Ein seltenes Beispiel aus der älteren Kunstgeschichte ist das Bildnis eines Kindes von Giovanni Francesco Caroto (um 1480–1546).[40] Der in leonardeskem Sfumato modellierte Knabe zeigt lächelnd dem Betrachter eine selbst verfertigte Zeichnung, ein Strichmännchen, das auf den ersten Blick allen Anatomiekenntnissen und Proportionsregeln der Renaissance hohnspricht *(Abb. 31)*. Darin liegt die Pointe des Porträts. Das bildnerische Erzeugnis des Kindes wird in einen ironischen Gegen-

30 *Paul Klee, Zwei Kinder hintereinander, 1885, Bleistift, 5,4 x 7,1 cm, Bern, Kunstmuseum, Paul Klee-Stiftung*

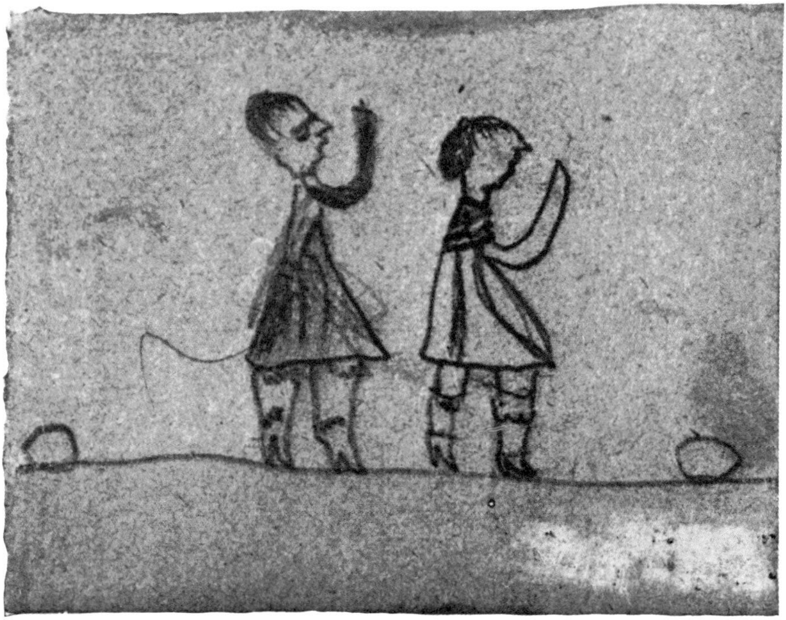

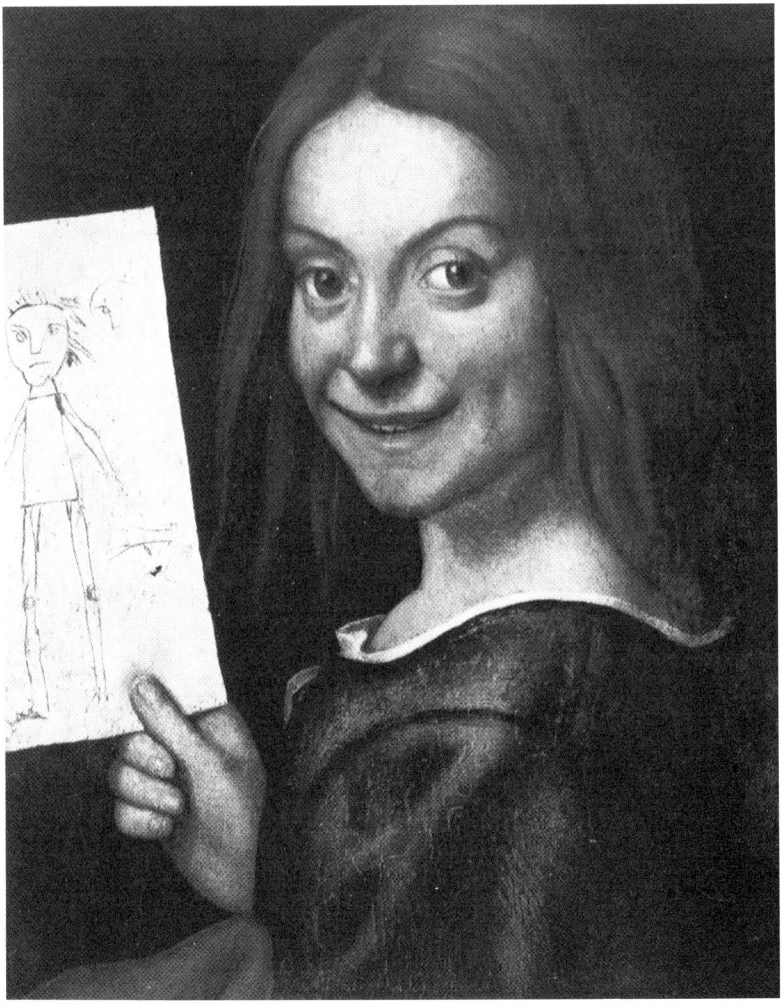

31 *Giovanni Francesco Caroto, Knabe mit einer Zeichnung, um 1520, Öl auf Holz, 37,0 x 29,0 cm, Verona, Museo di Castelvecchio*

satz zur Kunst des Malers gesetzt. Dies ist zugleich das Unkindliche an dem Kinderbildnis. Kinder kennen keine Ironie.
Überhaupt ist das naive Kunstschaffen frei von intellektueller Brechung. 1903 malte der Zöllner Henri Rousseau sein »Kind mit Hampel-

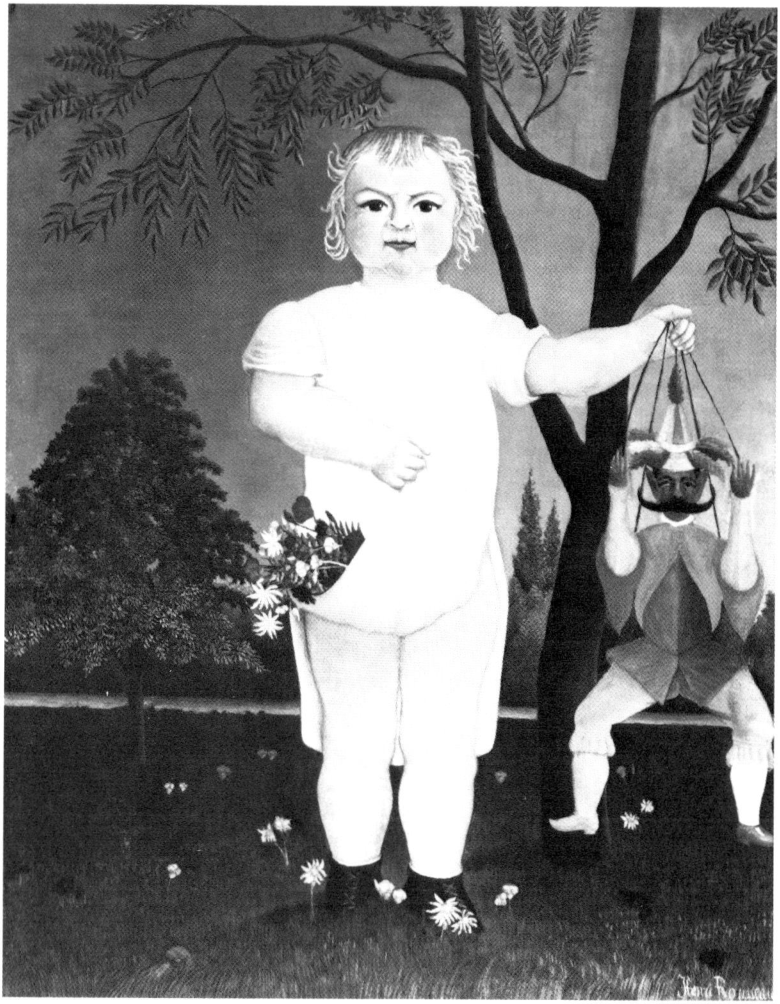

mann«.[41] Mit den »Hülsenbeckschen Kindern« teilt es bezeichnenderweise – historisch unabhängig davon – die niedrige Augenhöhe *(Abb. 32)*. Auch hier befindet sich der Betrachter auf der Ebene des Kindes. Doch in der Hauptsache bietet sich alles in einschichtigem Gegenüber dar. Es gibt keine Verkürzungen

32 *Henri Rousseau, Kind mit Hampelmann, 1903, Öl auf Leinwand, 101,0 x 81,0 cm, Winterthur, Privatbesitz*

und kaum Überschneidungen. Das streng frontalisierte Kind gleicht dem Hampelmann, den es in der Hand hält. Aus dem Schematismus von Reihung und Addition ergibt sich eine Summe von Einzelheiten, für das Auge an jeder Stelle wieder trennbar, mit dem Finger abzählbar. Von einer Kinderzeichnung unterscheidet sich das Bild aber durch den imitativen Anspruch auf Wiedergabe von Körperlichkeit. Er ist zweiseitig, weil er einmal die dargestellten Dinge meint, zum anderen das Vorbild hoher europäischer Illusionskunst. Dabei bleibt die Plastizität jedoch wie ein koloriertes Flachrelief von jedweder innerbildlichen Beleuchtung unabhängig. Das Licht ist so nichtig wie der Zwischenraum, der kein Thema dieser Malerei ist. Das Kind, das uns mit großen Augen aus dem vom Maler in volksschülerhaftem Schriftzug stolz signierten Ölgemälde an-

33 *Samuel Cousins nach Thomas Lawrence, »Natur«, Emily und Laura Calmady, um 1824, Mezzotinto*

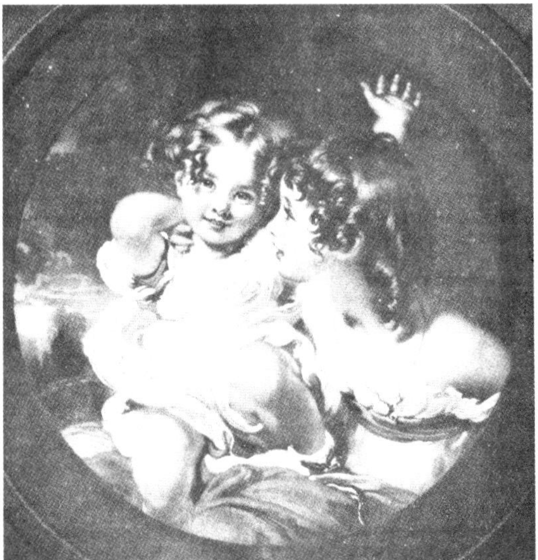

schaut, ist selbst durch die Brille der begrenzten Möglichkeiten eines kindlichen Gemüts gesehen.

Nichts davon bei Runge. Die »Hülsenbeckschen Kinder« sind das vollkommene Bild der Kindheit. Gerade deshalb aber sind sie das Gegenteil eines kindlichen Bildes. Der naive Steckenpferdausdruck der Sonntagskunst ist ihnen genauso fremd wie die manieristische Spielerei Carotos *(Abb. 31)* und die verwöhnende Eleganz bei Lawrence *(Abb. 5, 6)*, die dieser auch da nicht abgestreift hat, wo er das Kinderporträt zur neckischen Allegorie der »Natur« stilisierte *(Abb. 33)*.[42]

Das paradoxe Phänomen bei Runge läßt sich mit Begriffen Schillers umschreiben. Das Naive ist zum Gegenstand höchster sentimentalischer Kunst geworden. Von ihr wie in einem Spiegel neu hervorgebracht, ist dieses Naive gleichermaßen Bestandteil der inhaltlichen Aussage wie Ziel einer romantischen Sehnsucht. Kleist postulierte 1810 in seinem Aufsatz über das Marionettentheater einen Durchgang durch das Unendliche wie in einem Hohlspiegel. »Mithin, sagte ich ein wenig zerstreut, müßten wir wieder von dem Baum der Erkenntnis essen, um in den Stand der Unschuld zurückzufallen? Allerdings, antwortete er, das ist das letzte Kapitel von der Geschichte der Welt«.[43]

Schon im Februar 1802 hatte Runge gefordert »Kinder müssen wir werden, wenn wir das Beste erreichen wollen« und stellte im »Triumph des Amor« *(Abb. 34)* die Lebensphasen des Menschen bis zum Greisenalter sämtlich durch Kinderfiguren dar. Auf Betrachterseite wurde damals bemerkt, daß Runge recht ein »denkender Künstler« sei. Dies veranlaßte ihn zu der Frage: »Curios! Ob es auch wohl

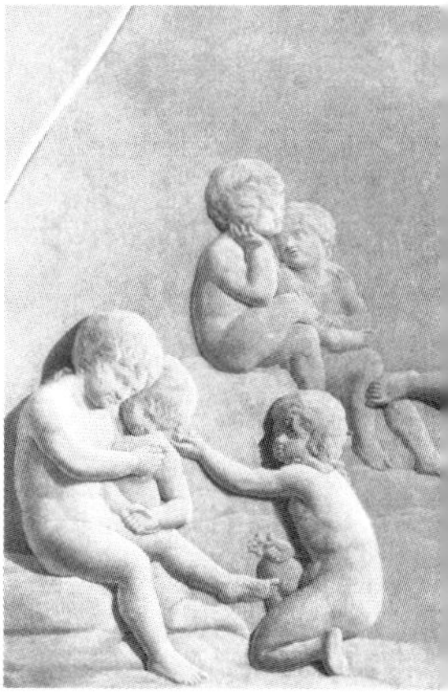

34 *Philipp Otto Runge, Triumph des Amor, zweite Fassung, 1802, Öl auf Leinwand, 66,7 x 172,5 cm, Hamburger Kunsthalle. Dargestellt ist das Wirken der Liebe in den verschiedenen Phasen des Lebens. Sie werden sämtlich durch Kinderfiguren verkörpert*

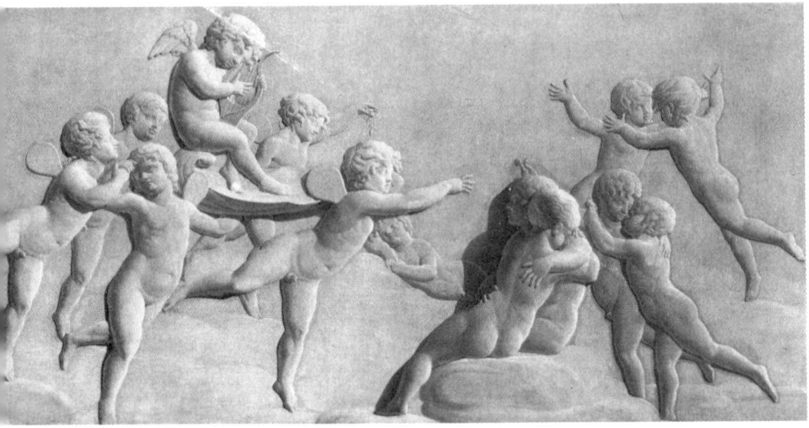

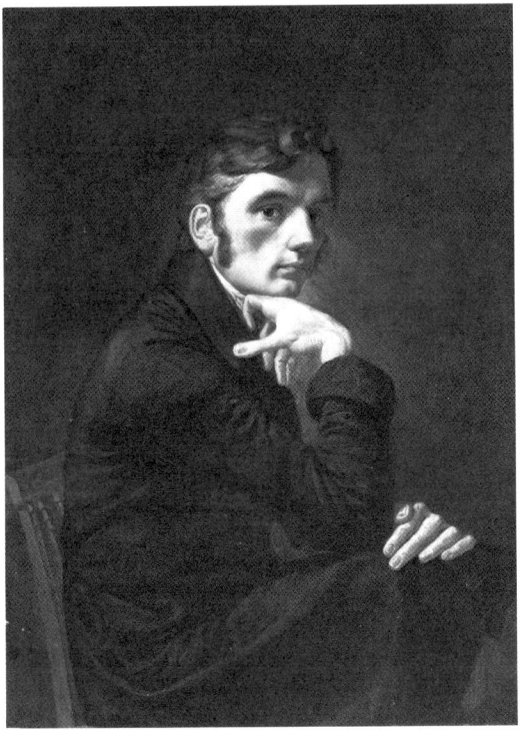

35 *Philipp Otto Runge, Selbstbildnis im blauen Rock, 1805, Öl auf Holz, 40,3 x 28,9 cm, Hamburger Kunsthalle*

nicht denkende dergleichen giebt?« Folgerichtig schuf Runge 1805 ein Selbstbildnis in Denkerpose *(Abb. 35)*.[44]

Der Widerspruch zwischen der vom Künstler anvisierten Kindlichkeit und dem sie voraussetzenden Denken war theoretisch nicht auflösbar. Zu lösen war er aber durch Malerei. Dies machte ihre romantische Stärke aus gegenüber Dichtung und Musik. Denn als anschauliche Kunst konnte sie deckungsgleich werden mit einem aus reinem Anschauen abgeleiteten, d. h. vom Gesichts- zum Tastsinn überleitenden Verhältnis zur Welt. Das akademische Übereinander von Reflexion und Naivität, das sich in der familiären Hierarchie von Eltern und Kindern wiederholte, wurde in den »Hülsenbeckschen Kindern« gleichsam durch ein Hintereinander in horizontaler Tiefe außerkraftgesetzt. Das dargestellte Naive überblendet seine reflektierende Darstellung. Dies war eine bewußte Herausforderung an den klassizistischen Normenverstand. Sie stand im Einklang mit Runges viel zitierter, aber zumeist mißverstandener Forderung nach einer neuen »Landschaft«, die letztlich die Aufhebung aller gängigen Gattungen in einer neuen Kunst meinte.[45]

Denn die Kunst, »wie sie nun ist, und gewesen ist«, schrieb er 1803, »ist ein verkehrtes und gelehrtes Ding, sehen wir sie so an, wie sie nun angesehen wird; wenn aber nur die Menschen wie Kinder die Welt ansähen, so wäre die Kunst eine artige Sprache. Darum spreche sie, wer sie so versteht; ob die Menschen nicht etwa tanzen werden, wenn gepfiffen wird. –«[46]

Damit reflektierte der Maler zugleich die Beziehung zwischen Bild und Beschauer. Die »Hülsenbeckschen Kinder« sprechen zu uns nicht in der Sprachform der Kinder, sondern, wie gezeigt, in ihrer Rezeptionsform. Anders als bei Caroto, Lawrence oder Rousseau *(Abb. 5, 31, 32, 33)* vollzieht sich die Rezeption des Bildes daher als Identitätserlebnis. Dem Vorgang kommt für die internationale Kunst der Epoche in ganz unterschiedlichen Spielarten grundsätzliche Bedeutung zu, für Caspar David Friedrich ebenso wie für Jacques-Louis David oder William Turner.[47]

Der Vorgang ist auch für den theoretischen Ansatz moderner Rezeptionsästhetik nicht ohne Bedeutung.[48] Sie fragt nach dem grundsätzlichen Verhältnis zwischen der Schöpfung des Künstlers und ihrem Beschauer, nach der besonderen Einstellung, die diesem abverlangt wird, und nach den formalen Mitteln, welche das gewünschte Ergebnis herbeiführen sollen. Das Augenmerk richtet sich dabei weniger auf die Mitteilung als auf die Weise des Mitteilens. Der Inhalt tritt zurück hinter eine Verinnerlichung des Verstehens. Es scheint, daß diese Problemstellung überhaupt romantischer Natur ist. Wir verfolgen die Frage nicht weiter. Wichtig ist hier nur, was für Runge und das romantische Kunstwerk gilt. Bildbetrachtung wird zu einem Akt der Grenzüberschreitung, zum Eintritt des Betrachters in die Bildsubstanz bzw. zum Eindringen der Bildsubstanz in die Seele des Betrachters. Voraussetzung für diese Wirkung war, in den Worten von Runges Freund Klinkowström aus dem Jahre 1805, die

Passivität des Verstandes, so daß es nur der Stille bedurfte, um das Bild in sich hineinzuspiegeln.[49] Das Ergebnis war romantische Teilhabe an der Schöpfung des Künstlers.
Für die »Hülsenbeckschen Kinder« ist eine zeitgenössische Betrachteräußerung nicht überliefert. Die unvergleichliche Faszination des Bildes läßt sich aber mit der Wirkung auf die Zuhörer vergleichen, welche die mündliche Erzählung seiner beiden plattdeutschen Märchen »Von dem Machandelboom« und »Von den Fischer un siine Fru« durch Runge selbst ausübte. Nach Henrik Steffens erschienen sie da um so bedeutender, »weil wir ... sämtlich als Kinder von dem wunderbaren Grauen des Lebens ergriffen waren, so daß die Märchen uns fast wie das Natürlichste, die gewöhnliche Reflexion aber als etwas Unwahres und Nichtiges erschien«.[50]

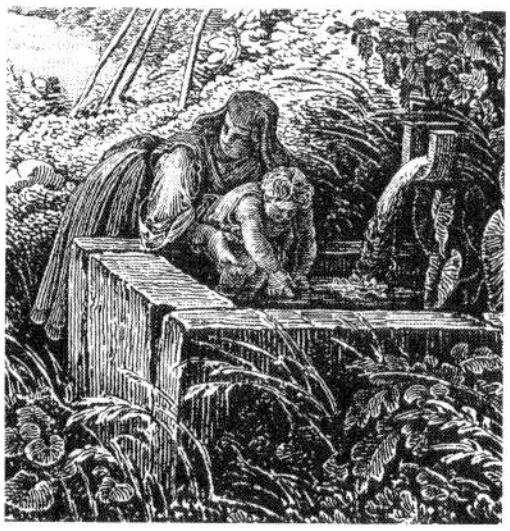

36 *Karl Friedrich Schinkel, Am Traunsee,* Ausschnitt

Wirkungen

Runges gestaltende Reflexion des Naiven konnte da, wo der Betrachter selber Künstler war, zu einer weiteren ästhetischen Brechung führen. Das mit Händen zu greifende Formerlebnis der »Hülsenbeckschen Kinder« ist von der Kunst mehrfach aufgegriffen und in jeweils eigentümlicher Bildlogik weiterentwickelt worden.
Der grundlegende Einfluß Runges auf Karl Friedrich Schinkel ist vielfältig nachweisbar, von der Kunstgeschichte aber immer noch zu wenig gewürdigt. Die große Federzeichnung »Am Traunsee« von 1811 *(Abb. 36)* setzt im Motiv des Säuglings, der über den Arm der Mutter gebeugt mit beiden Händen nach sei-

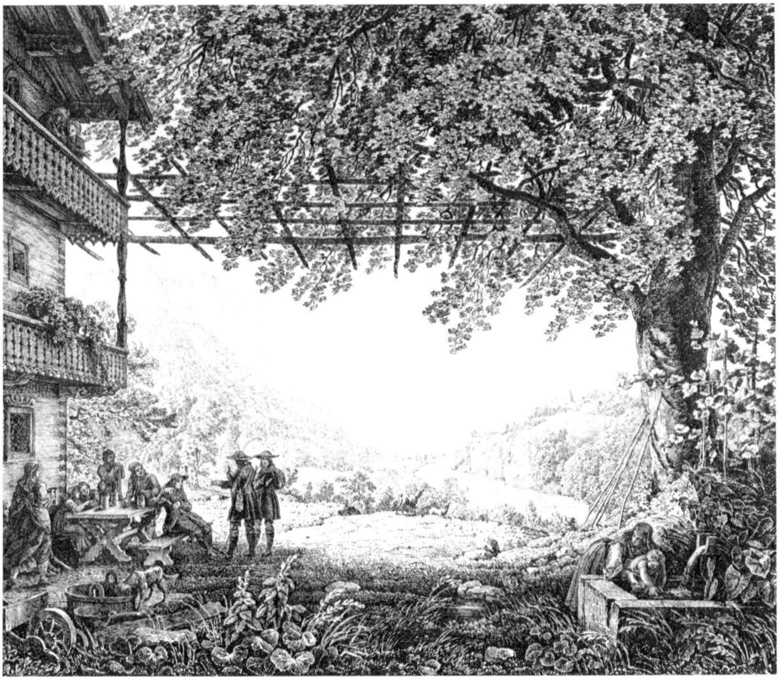

36 *Karl Friedrich Schinkel, Am Traunsee, 1811, Feder, 51,3 x 61,9 cm, Berlin/DDR, Staatliche Museen, Schinkel-Museum, vgl. Abb. 17*

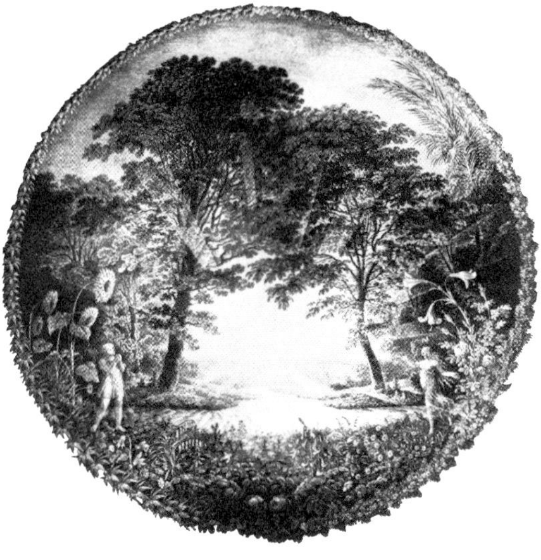

37 *Karl Friedrich Schinkel, Morgen, 1811, Feder, ehemals Berlin, Schinkel-Museum, seit 1945 verschollen, vgl. Falttafel*

nem Spiegelbild im Brunnen greift, eindeutig die »Mutter an der Quelle« *(Abb. 17)* voraus, die Kindergestalt unter hohen Sonnenblumen im »Morgen« *(Abb. 37)* die »Hülsenbeckschen Kinder«. Deren Stil hat schon Carl Georg Heise in dem mit Bleistift um 1815/16 gezeichneten Porträt der sechsjährigen Tochter Marie *(Abb. 38)* wiedererkannt.[51] Dabei hat Schinkel die pausbäckige Prallheit ins Zarte abgemildert. Das Inkarnat von Gesicht und Armen ist straff und zugleich flexibel wie eine atmende Membran in die Begrenzungen eingespannt. Der Rungesche Gegensatz zum unfaßbaren Naturelement im unendlichen Raum macht sich im windbewegten Haar bemerkbar. In die Rezeptionsform ursprünglicher Haptik mischt

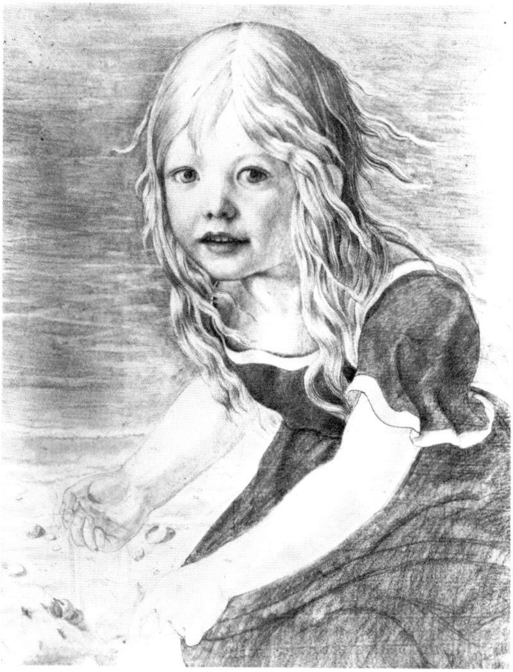

38 *Karl Friedrich Schinkel, Bildnis der Tochter Marie, um 1815/16, Kreide auf rötlichem Tonpapier, 53,2 x 42,2 cm, Berlin/DDR, Staatliche Museen, Schinkel-Museum*

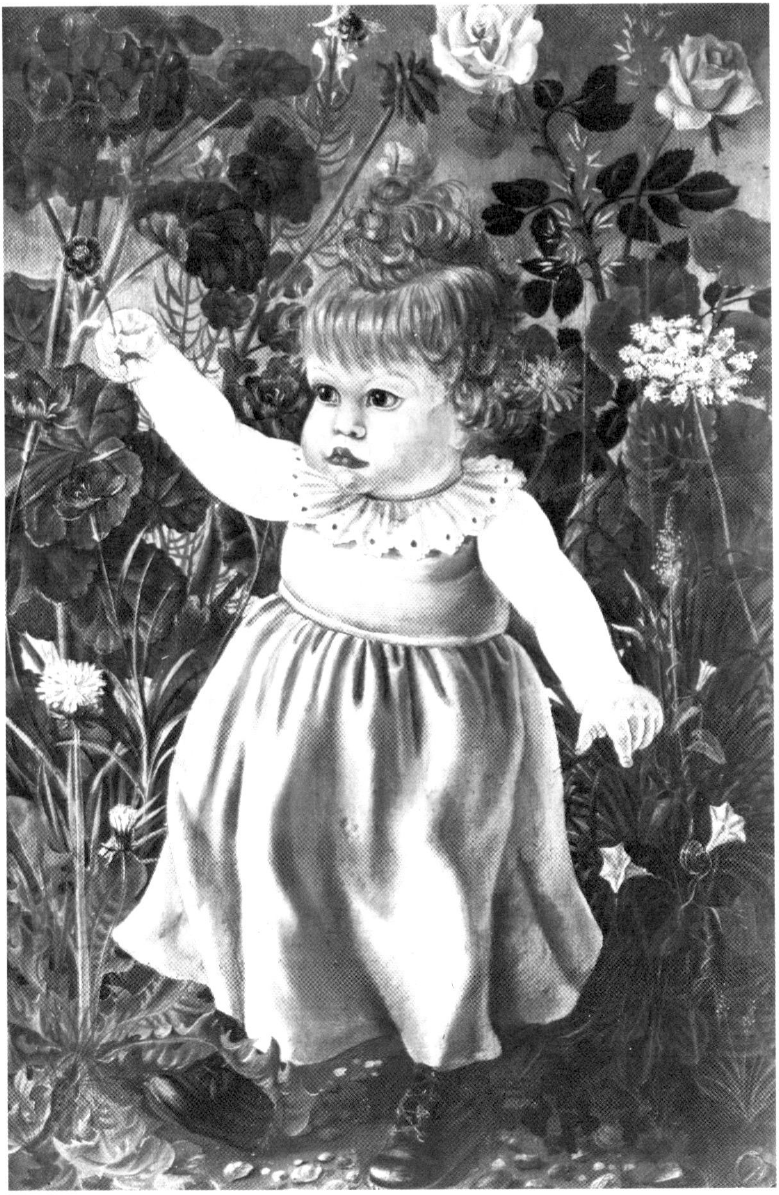

39 *Otto Dix, Nelly in Blumen, 1924,*
Öl auf Leinwand, 81,0 x 55,5 cm,
Privatbesitz

sich Melancholie. Was die Kleine mit eingekrümmter Hand festzuhalten sucht, ist verrinnender Sand, Sinnbild erwachsenen Wissens um die unendliche Vergänglichkeit wie das Meer dahinter, das ihn angeschwemmt hat.

Zu den Nachfolgern Runges in der Kunst der klassischen Moderne gehört Otto Dix. Die Abhängigkeit setzt 1921 mit der ersten Fassung seines Elternbildnisses ein.[52] In »Nelly in Blumen«, gemalt 1924 *(Abb. 39)*, scheint die sentimentalische Brechung, verglichen mit Schinkel, zurückgenommen und die naive Erfahrungsbasis der »Hülsenbeckschen Kinder« wieder voll hergestellt. Auch hier stehen die hochwuchernden Blumen für die pflanzenhafte Unbewußtheit frühen Lebens. Doch hat die Symbolstruktur an Ganzheit eingebüßt und das Licht sich vom Raum getrennt. Aufgegangen in der präzisen Körperlichkeit der Kindergestalt, bringt es sie magisch wie von innen her zum Leuchten. Durch solche Einverleibung wurde das Ideale aus der Natur abgezogen und diese allein auf das Reale, d.h. auf den Teilaspekt einer neuen Sachlichkeit reduziert.

Die »Hülsenbeckschen Kinder« standen wohl auch Pate für Max Ernsts »Zwei Kinder, durch eine Nachtigall bedroht« von 1924.[53] Darauf deutet u.a. die Flächenverteilung gleichartiger Bildmotive einschließlich der fliehenden Perspektive der Einfriedung *(Abb. 40)*. Bei Ernst, der ein Jahr zuvor mit seinem frühen surrealistischen Hauptwerk »Die schöne Gärtnerin« auch Runges beide späten »Morgen«-Gemälde und ihre Geburtsthematik paraphrasiert hatte

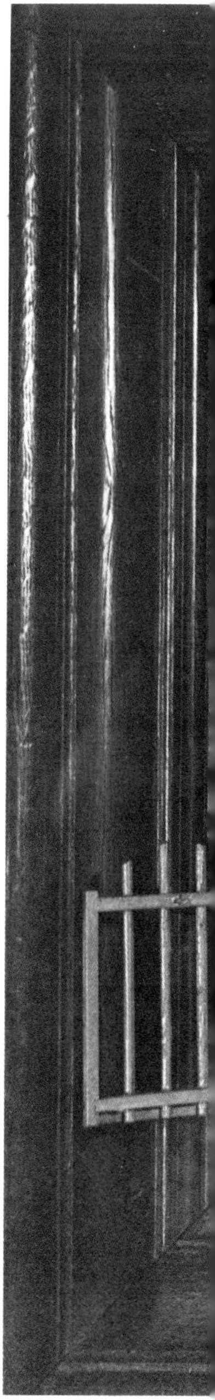

40 *Max Ernst, Zwei Kinder, durch eine Nachtigall bedroht, 1924, Öl auf Holz und Holzkonstruktionen, 69,8 x 57,0 x 11,4 cm, New York, The Museum of Modern Art*

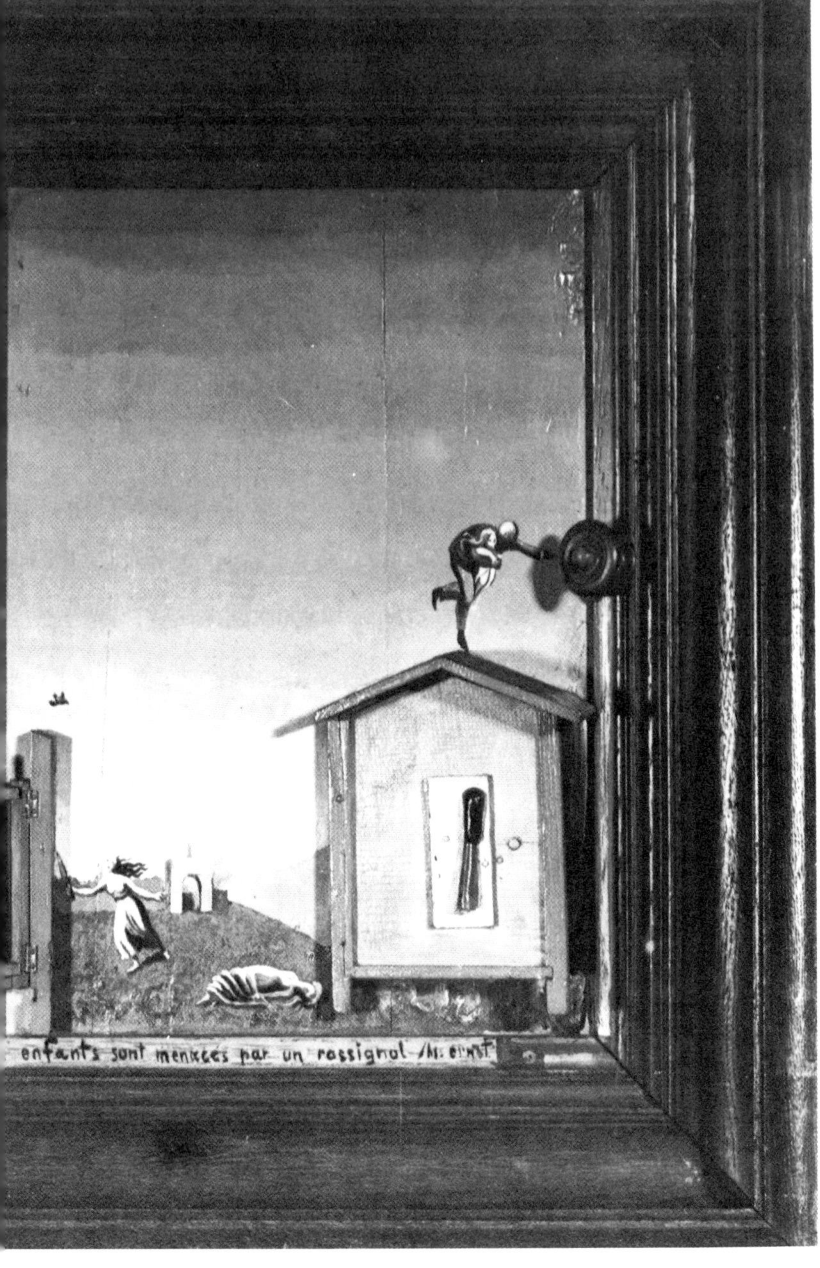
enfants sont menacées par un rossignol Max Ernst

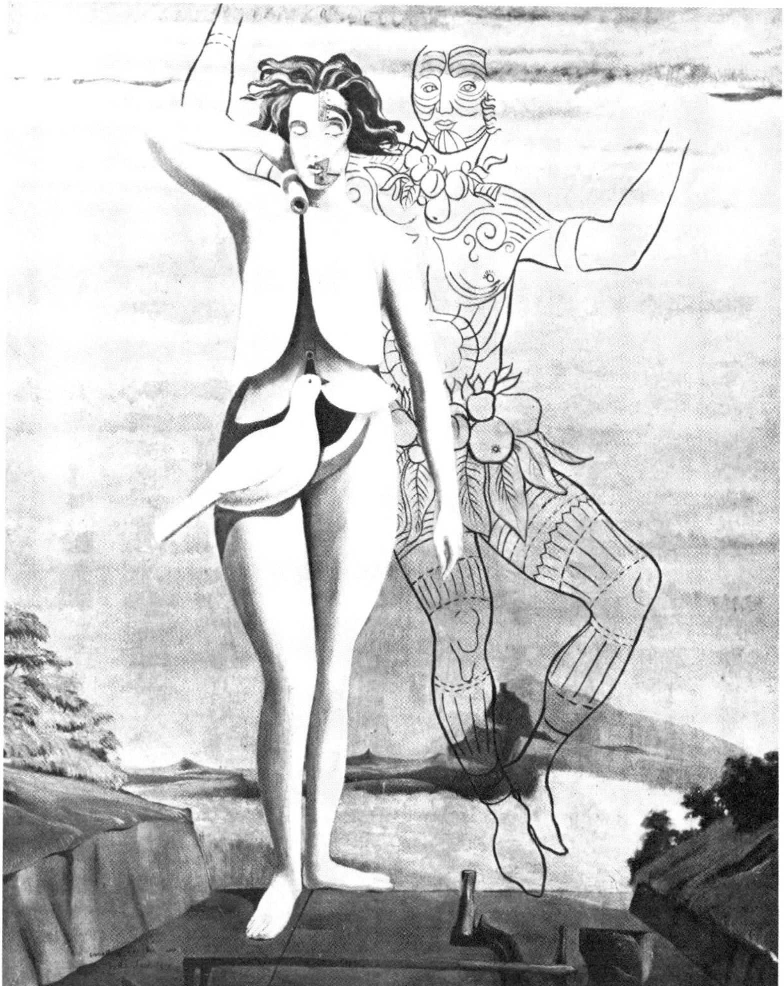

(*Abb. 41, 42*), erscheinen die Wertigkeiten umgedreht. Das Gartenhaus am rechten Bildrand ist ganz nach vorn gerückt, die nahräumliche Präsenz der Kinder dünngliedrig verkleinert hinter die Zone des Zauns. Vor allem wurde das romantische Identitätserlebnis ironisch

41 *Max Ernst,*
Die schöne Gärtnerin, 1923,
Öl auf Leinwand,
196,0 x 114 cm,
verschollen

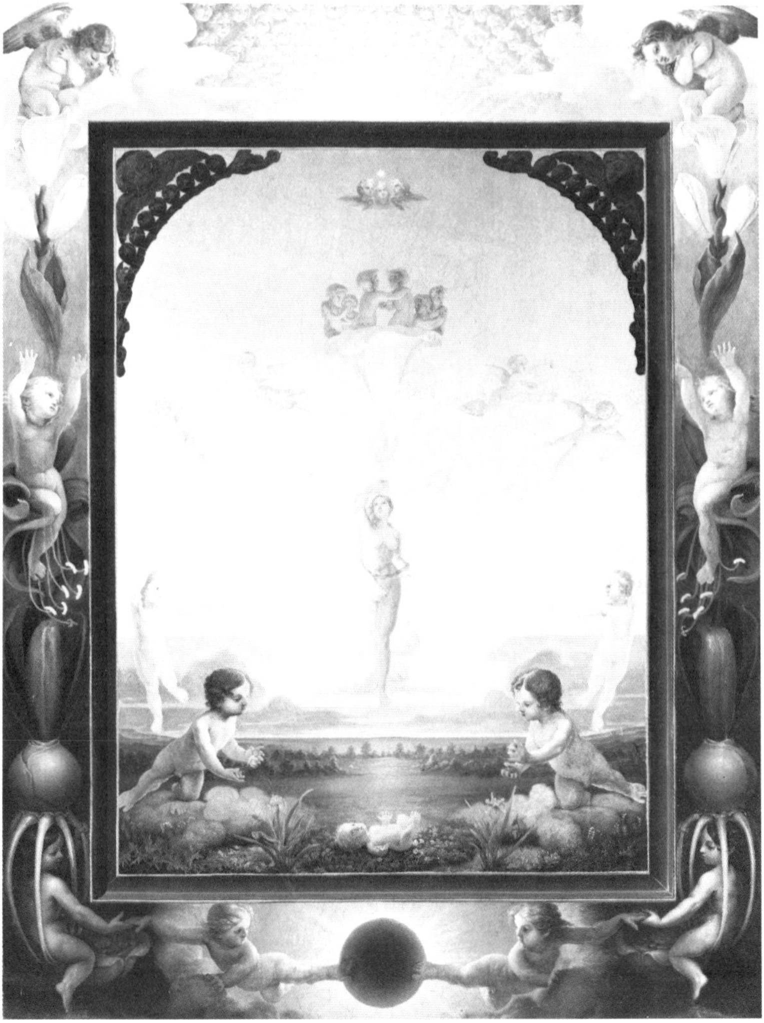

42 *Philipp Otto Runge, Der Kleine Morgen, 1808, Öl auf Leinwand, 109,0 x 85,5 cm, Hamburger Kunsthalle*

aufgespalten. Die haptische Rezeptionsform der Kinder hat in der dadaistischen Collage des Gartenhauses die ästhetische Grenze des Bildes durchbrochen und durch das auf den Rahmen herausgeklappte Türgatter den Wirklichkeitsgrad des Betrachterbereichs angenom-

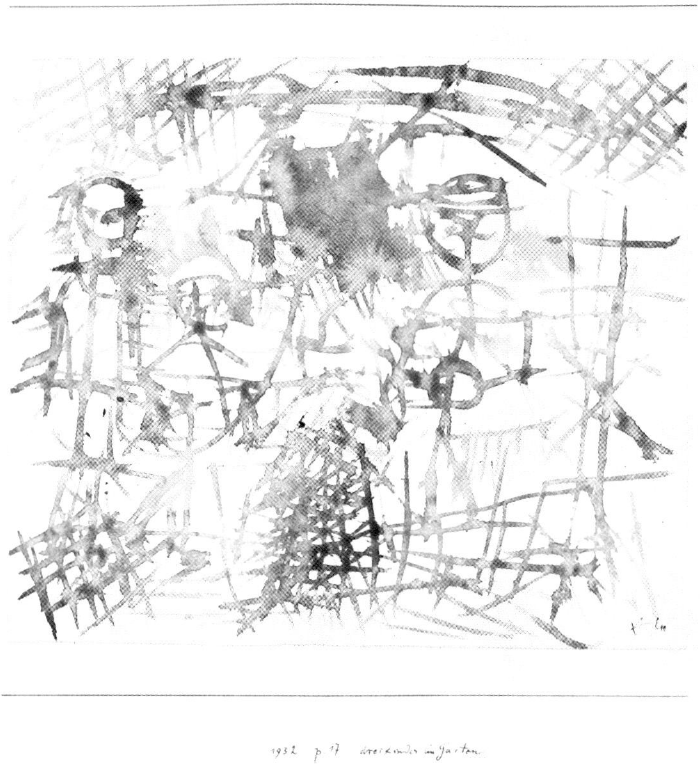

men. Aus dem lautlosen Treiben der Sonnenblume wurde der von den Dichtern aller Zeiten besungene Gesang der Nachtigall, aus unbescholtener Natur aber eine tödliche Gefahr für die Kinder.

Auf ganz andere Weise hat schließlich Paul Klee das Erbe Runges angetreten.[54] Für das bildnerische Denken des Bauhaus-Meisters spielte die Kunsttheorie des Romantikers, vor allem die Licht- und Farbenlehre, eine bedeutende Rolle. Sein bildnerisches Schaffen ist indessen tief durchdrungen von der Ästhetik der Kinderzeichnung *(Abb. 30)*. Auf den ersten

43 *Paul Klee, Drei Kinder im Garten, 1932, Pinsel und Tinte, 26,1 x 31,4 cm, Bern, Kunstmuseum, Paul Klee-Stiftung. Unter den Malern der klassischen Moderne schloß sich Klee in der Theorie und Ikonographie seiner Kunst besonders eng an Runge an*

Blick scheint sich darin eine unüberbrückbare Gegenposition zu Runges Malerei zu bekunden. Sieht man genauer hin, so tritt die Verwandtschaft im schöpferischen Grundansatz zutage. Klees Kunst ist nicht infantil, sondern geprägt von Infantilismen. Das ist nicht abwertend gemeint, im Gegenteil. Die notwendige Begriffsunterscheidung bezeichnet die intellektuelle Kluft, die den Erwachsenen vom Kind trennt. Der erklärte Wunsch, im Spiel die schaffenden Kräfte der Welt nachzuahmen, führte bei Klee zur spielerischen Nachahmung der Welt mit kindlich anmutenden Gestaltungsmitteln. Diese Doppelnachahmung gedieh im ikonographischen Klima Runges. Dabei reflektieren z. B. die »Drei Kinder im Garten« von 1932 das Naive als widersprüchliche Kritzelei mit dem Pinsel *(Abb. 43)*. Das Blatt ist bezeichnend für die Zwitterstruktur der Kunst Klees. Was sie hervorgebracht hat, war eine späte Spiegelung des romantischen Bewußtseins vom verlorenen Paradies.

1 Eine detaillierte Zeittafel zur Biographie bei Traeger 1977, S. 70–72.
2 An Pauline, 10. Januar, 7. Februar 1804. Degner, S. 195, 219. An den Schwiegervater, 15. Oktober; an den Bruder Karl, 2. November 1805. Ebd. S. 279, 281.
3 An den Vater, 17. Dezember 1805 (s. Texte zum Thema); Daniel: Entwürfe zu Bildern. HS I, S. 365. Identifizierungen nach Schümann, S. 280 f. Entstehungsgeschichte und weitere Daten Traeger 1975, Nr. 312.
4 München, Neue Pinakothek, Inv. Nr. 14882. Vgl. W. Armstrong: Lawrence, New York 1913 (Neuaufl. 1969), S. 165.
5 Zum Problemkreis s. A. v. Buttlar: Der englische Landsitz 1715–1760. Symbol eines liberalen Weltentwurfs, Mittenwald 1982.
6 München, Neue Pinakothek, H. u. W. 16. Vgl. E. Steingräber: Die Neue Pinakothek München, 2. Aufl. München 1985, S. 48, Farbtf. Runges Porträt Traeger 1975, Nr. 374.
7 R. Zeitler: Zu Philipp Otto Runges Werdegang, in: Runge Fragen und Antworten, S. 11–19.
8 Schümann, S. 281. Vgl. Traeger 1975, Nr. 311.
9 Ausst. Kat. John Flaxman. Mythologie und Industrie (Hamburger Kunsthalle), München 1979, Nr. 98–108, 109–117, 118–120. Dazu S. Symmons: Flaxman und Europa – Die Umrißzeichnungen und ihre Wirkung, ebd. S. 178 ff.
10 An Daniel, 23. August, 26. September, 11. und 14. Oktober 1800. HS II, S. 54, 56 ff. Vgl. ebd. S. 455. Zu Klinkowström J. Traeger: Friedrich August von Klinkowström. Bemerkungen zum Typus des nazarenischen Künstlers, in: H. Inama-Sternegg/E. u. J. Unterer: Der Romantiker Friedrich August von Klinkowström 1778–1835. Offizier, Maler, Schriftsteller und Pädagoge, Bozen 1986, S. 6–11.
11 Traeger 1975, Nr. 326–344. Zur Stilanalyse s. ebd. S. 146 ff.
12 A. W. Schlegel: Kritische Schriften und Briefe II. Die Kunstlehre, hrsg. von E. Lohner, Stuttgart 1963, S. 159 f.
13 C. L. Fernow: Römische Studien, Zürich 1806, II, S. 214 f. Beispiele von Füger, Hetsch, Wächter und Schick bei H. v. Einem: Deutsche Malerei des Klassi-

zismus und der Romantik 1760 bis 1840, München 1978, Tf. 10f., 23ff., 46f., 48ff.

14 Vgl. Ausst. Kat. Gottlieb Schick. Ein Maler des Klassizismus, Staatsgalerie Stuttgart 1976, Nr. 157, W. Gramberg: Johann Gottfried Schadow. Die Gruppe der Prinzessinnen (Werkmonographien zur bildenden Kunst, hrsg. von C. G. Heise, Nr. 71), Stuttgart 1961.

15 An Goethe, 3. Juli 1806. HS I, S. 88–98. Zur Farbenlehre grundlegend das Buch von Matile.

16 An K. Schildener, 5. November 1805, HS II, S. 297.

17 Schümann, S. 280.

18 Dazu der Katalog von C. Richter.

19 Traeger 1975, S. 61ff., Nr. 322.

20 Karl Mayer: Ludwig Uhland, seine Freunde und Zeitgenossen. Erinnerungen, Stuttgart 1867, I, S. 165.

21 F. W. J. Schelling: Philosophie der Kunst, in: Gesammelte Werke 1. Abt., Bd. 5, 1859 (Neudruck Darmstadt 1966), S. 519, 541 f.

22 An den Schwiegervater, 12. April 1808. Degner, S. 347.

23 J. G. Herder: Plastik. Einige Wahrnehmungen über Form und Gestalt aus Pygmalions bildendem Traume, Riga 1778, Neuausgabe von L. A. Schneider, Köln 1969, S. 50.

24 C. G. Heise/G. Pauli (Bearb.): Katalog der alten Meister in der Hamburger Kunsthalle, 5. Aufl. Hamburg 1966, Nr. 582. Zu Tischbein und Runge s. Traeger 1975, S. 186.

25 Ebd., bes. S. 148–152, Nr. 298. Vgl. Möseneder, S. 23ff.

26 J. Görres: Die Zeiten, vier Blätter nach Zeichnungen von Ph. O. Runge (1808), in: HS II, S. 522. Traeger 1975, S. 50f. Zu dem Zyklus auch H. Hohl: Das Universum der »Zeiten«, in: Ausst. Kat. Runge in seiner Zeit, S. 188–203; W. Stubbe: Fragen zu den »Zeiten«, in: Runge Fragen und Antworten, S. 20–30.

27 Dazu A. Dobrzecki: Die Bedeutung des Traumes für Caspar David Friedrich. Eine Untersuchung zu den Ideen der Frühromantik (Beiträge zur deutschen Philologie, Bd. 55), Giessen 1982.

28 An Daniel, 30. Januar 1803; Rubriken zu den vier Tageszeiten 1807. HS I, S. 32f., 82. Vgl. Anm. 26.

29 Traeger 1975, Nr. 313, 356.

30 Ebd. Nr. 333.

31 Ebd. Nr. 385.

32 Autorenkollektiv, S. 27.

33 W. Hofmann: Die Erfüllung der Zeit, in: Ausst. Kat. William Blake 1757–1827 (Hamburger Kunsthalle), München 1975, S. 22. Nr. 21–28 (»Songs of Innocence«).

34 G. Syamken: Hamburg um 1800, in: Ausst. Kat. Runge in seiner Zeit, S. 12.

35 Traeger 1975, Nr. 310, 355.

36 Dazu ebd., S. 71 ff.

37 Hinweis auf Pestalozzi auch bei Jensen, S. 202, und Autorenkollektiv, S. 22 f.

38 Novalis: Blütenstaub, in: Athenaeum. Eine Zeitschrift von August Wilhelm Schlegel und Friedrich Schlegel (Berlin 1798–1800), I, 1 (1798), S. 101. Dazu weitere Quellen bei Traeger 1975, S. 128. Vgl. W. Hofmann: Runges Versuch, das verlorene Paradies aus seiner Notwendigkeit zu rekonstruieren, in: Ausst. Kat. Runge in seiner Zeit, S. 31–45 (s. auch Texte zum Thema).

39 U. Martens: Der Zeichner und Radierer Carl Wilhelm Kolbe d. Ä. (1759–1835), Berlin 1976, Nr. 80.

40 A. Ottino della Chiesa, in: Kindlers Malerei Lexikon, Bd. I, Zürich 1964, S. 642 mit Farbabb. Die dargestellte Kinderzeichnung enthält zugleich Spuren eines Zeichenunterrichts. Dazu W. Kemp: »... einen wahrhaft bildenden Zeichenunterricht überall einzuführen«. Zeichnen und Zeichenunterricht der Laien 1500–1870. Ein Handbuch, Frankfurt a. M. 1979, S. 25.

41 G. Artieri/D. Vallier: L'opera completa di Rousseau il Doganiere (Classici dell'arte, Bd. 29), Mailand 1969, Nr. 145 Tf. XXIII.

42 Armstrong (wie Anm. 4), S. 118 und Tf. VIII.

43 Schiller: Ueber naive und sentimentalische Dichtung, in: Schillers Werke, Nationalausgabe Bd. 20 (Philosophische Schriften, 1. Teil), Weimar 1962, S. 413–503 (vgl. Texte zum Thema). Kleist: Über das Marionettentheater, in: Sämtliche Werke und Briefe, hrsg. v. H. Sembdner, Bd. 2, 5. Aufl. München 1970, S. 345.

44 Februar 1802 (Dresden). HS I, S. 7. An den Vater, 27. Januar 1802. HS II, S. 110. Zum »Triumph des Amor« Traeger 1975, Nr. 233. »Selbstbildnis im blauen Rock« ebd. Nr. 302.

45 Februar 1802 (Dresden). HS I, S. 6 f. Traeger 1975, S. 38 f.

46 An Daniel, 13. Juli 1803. HS II, S. 223.

47 J. Traeger: »... als ob einem die Augenlider weggeschnitten wären«. Bildtheoretische Betrachtungen zu einer Metapher von Kleist, in: Kleist-Jahrbuch 1980, S. 86–106.

48 Vgl. W. Kemp: Der Anteil des Betrachters. Rezeptionsästhetische Studien zur Malerei des 19. Jahrhunderts, München 1983. Ders. (Hrsg.): Der Betrachter ist im

Bild. Kunstwissenschaft und Rezeptionsästhetik, Köln 1985.

49 Klinkowström an Runge, 3. Oktober 1805. HS II, S. 292. Vgl. oben Anm. 10.

50 H. Steffens: Lebenserinnerungen aus dem Kreis der Romantik. In Auswahl hrsg. von F. Gundelfinger, Jena 1908, S. 251.

51 »Am Traunsee« in Ausst. Kat. Karl Friedrich Schinkel 1781–1841, Berlin/DDR 1980/81, Nr. 90. Vgl. ebd. S. 49 und Nr. 111. »Morgen« bei A. Grisebach: Carl Friedrich Schinkel, Leipzig 1924, S. 51, Abb. 21. C. G. Heise: Große Zeichner des 19. Jahrhunderts, Frankfurt a. M. 1960, S. 28 f. Zum Runge-Einfluß auf Schinkel s. Traeger 1975, S. 179 f.

52 Dazu Traeger 1975, S. 98. Ders.: Das Ideale und das Reale. Die Bedeutung Philipp Otto Runges für die Kunst der klassischen Moderne, in: Festschrift für Heinrich Lützeler, Bonn 1987, S. 364. Bestätigung dieser Ableitung bei G. Otto: Otto Dix, Bildnis der Eltern – Frankfurt 1984, S. 69 f. »Nelly in Blumen« s. F. Löffler: Otto Dix: Leben und Werk, Wien – München 1967, S. 60 f. Farbtf. 76.

53 W. Spies (Hrsg.): Max Ernst Oeuvre-Katalog. Werke 1906–1925, bearb. v. W. Spies, S. und G. Metken, Köln 1975, Nr. 668. Zum Runge-Einfluß Traeger 1975, S. 198 f.

54 Ebd. S. 195 f. Zum folgenden reiches Bildmaterial bei T. Osterwold: Paul Klee. Ein Kind träumt sich, Stuttgart 1979.

Texte zum Thema

Friedrich Schiller: Ueber naive und sentimentalische Dichtung (Erstdruck 1795/96), in: Schillers Werke. Nationalausgabe, Band 20 (Philosophische Schriften, 1. Teil), Weimar 1962, S. 413f.:

Es gibt Augenblicke in unserm Leben, wo wir der Natur in Pflanzen, Mineralien, Tieren, Landschaften, sowie der menschlichen Natur in Kindern, in den Sitten des Landvolks und der Urwelt, nicht weil sie unsern Sinnen wohltut, auch nicht weil sie unsern Verstand oder Geschmack befriedigt (von beiden kann oft das Gegenteil stattfinden), sondern bloß *weil sie Natur ist,* eine Art von Liebe und von rührender Achtung widmen. Jeder feinere Mensch, dem es nicht ganz und gar an Empfindung fehlt, erfährt dieses, wenn er im Freien wandelt, wenn er auf dem Lande lebt oder sich bei den Denkmälern der alten Zeiten verweilet, kurz, wenn er in künstlichen Verhältnissen und Situationen mit dem Anblick der einfältigen Natur überrascht wird. Dieses nicht selten zum Bedürfnis erhöhte Interesse ist es, was vielen unsrer Liebhabereien für Blumen und Tiere, für einfache Gärten, für Spaziergänge, für das Land und seine Bewohner, für manche Produkte des fernen Altertums u. dgl. zum Grund liegt; vorausgesetzt, daß weder Affektation noch sonst ein zufälliges Interesse dabei im Spiele sei. Diese Art des Interesses an der Natur findet aber nur unter zwei Bedingungen statt. Fürs erste ist es durchaus nötig, daß der Gegenstand, der uns dasselbe einflößt, *Natur* sei oder doch von uns dafür gehalten werde; zweitens, daß er (in weitester Bedeutung des Worts) *naiv* sei; d. h. daß die Natur mit der

Kunst im Kontraste stehe und sie beschäme. Sobald das letzte zu dem ersten hinzukommt, und nicht eher, wird die Natur zum Naiven.

Natur in dieser Betrachtungsart ist uns nichts anders als das freiwillige Dasein, das Bestehen der Dinge durch sich selbst, die Existenz nach eignen und unabänderlichen Gesetzen.

Diese Vorstellung ist schlechterdings nötig, wenn wir an dergleichen Erscheinungen Interesse nehmen sollen. Könnte man einer gemachten Blume den Schein der Natur mit der vollkommensten Täuschung geben, könnte man die Nachahmung des Naiven in den Sitten bis zur höchsten Illusion treiben, so würde die Entdeckung, daß es Nachahmung sei, das Gefühl, von dem die Rede ist, gänzlich vernichten. Daraus erhellet, daß diese Art des Wohlgefallens an der Natur kein ästhetisches, sondern ein moralisches ist; denn es wird durch eine Idee vermittelt, nicht unmittelbar durch Betrachtung erzeugt; auch richtet es sich ganz und gar nicht nach der Schönheit der Formen. Was hätte auch eine unscheinbare Blume, eine Quelle, ein bemooster Stein, das Gezwitscher der Vögel, das Summen der Bienen usw. für sich selbst so Gefälliges für uns? Was könnte ihm gar einen Anspruch auf unsere Liebe geben? Es sind nicht diese Gegenstände, es ist eine durch sie dargestellte Idee, was wir in ihnen lieben. Wir lieben in ihnen das stille schaffende Leben, das ruhige Wirken aus sich selbst, das Dasein nach eignen Gesetzen, die innere Notwendigkeit, die ewige Einheit mit sich selbst.

Sie *sind*, was wir *waren*; sie sind, was wir wieder *werden sollen*. Wir waren Natur wie sie, und unsere Kultur soll uns, auf dem Wege der Vernunft und der Freiheit, zur Natur zurückführen. Sie sind also zugleich Darstellung unserer verlorenen Kindheit, die uns ewig das Teuerste bleibt; daher sie uns mit einer gewissen Wehmut erfüllen. Zugleich sind sie Darstellungen unserer höchsten Vollendung im Ideale, daher sie uns in eine erhabene Rührung versetzen.

Novalis: Blütenstaub, in: Athenaeum. Eine Zeitschrift von August Wilhelm Schlegel und Friedrich Schlegel, Ersten Bandes Erstes Stück, Berlin 1798 (Nachdruck Darmstadt 1960), S. 84:
Jede Stufe der Bildung fängt mit Kindheit an. Daher ist der am meisten gebildete, irdische Mensch dem Kinde so ähnlich.

Novalis: Die Lehrlinge zu Saïs (Erstdruck 1802), in: Novalis: Schriften. Die Werke Friedrich von Hardenbergs, hrsg. von Paul Kluckhohn und Richard Samuel, 3. Aufl. Darmstadt 1977, Band I, S. 105f.:
Aber es ist umsonst, die Natur lehren und predigen zu wollen. Ein Blindgeborner lernt nicht sehen, und wenn man ihm noch so viel von Farben und Lichtern und fernen Gestalten erzählen wollte. So wird auch keiner die Natur begreifen, der kein Naturorgan, kein innres naturerzeugendes und absonderndes Werkzeug hat, der nicht, wie von selbst, überall die Natur an allem erkennt und unterscheidet und mit angeborner Zeugungslust, in inniger mannichfaltiger Verwandtschaft mit allen Körpern, durch das Medium der Empfindung, sich mit allen Naturwesen vermischt, sich gleichsam in sie hineinfühlt. Wer aber einen richtigen und geübten Natursinn hat, der genießt die Natur, indem er sie studirt, und freut sich ihrer unendlichen Mannichfaltigkeit, ihrer Unerschöpflichkeit im Genusse, und bedarf nicht,

daß man ihn mit unnützen Worten in seinen Genüssen störe. Ihm dünkt vielmehr, daß man nicht heimlich genug mit der Natur umgehen, nicht zart genug von ihr reden, nicht ungestört und aufmerksam genug sie beschauen kann.

Novalis: Heinrich von Ofterdingen (Erstdruck 1802), in: Novalis: Schriften. Die Werke Friedrich von Hardenbergs, hrsg. von Paul Kluckhohn und Richard Samuel, 3. Aufl. Darmstadt 1977, Band I, S. 329 f.:
Ja, sagte Heinrich, wir haben von Kinderjahren angefangen zu reden, und von der Erziehung, weil wir in euren Garten waren und die eigentliche Offenbarung der Kindheit, die unschuldige Blumenwelt, unmercklich in unser Gedächtniß und auf unsre Lippen die Erinnerung der alten Blumenschaft brachte. Mein Vater ist auch ein großer Freund des Gartenlebens und die glücklichsten Stunden seines Lebens bringt er unter den Blumen zu. Dies hat auch gewiß seinen Sinn für die Kinder so offen erhalten, da Blumen die Ebenbilder der Kinder sind. Den vollen Reichthum des unendlichen Lebens, die gewaltigen Mächte der spätern Zeit, die Herrlichkeit des Weltendes und die goldne Zukunft aller Dinge sehn wir hier noch innig in einander geschlungen, aber doch auf das deutlichste und klarste in zarter Verjüngung. Schon treibt die allmächtige Liebe, aber sie zündet noch nicht. Es ist keine verzehrende Flamme; es ist ein zerrinnender Duft und so innig die Vereinigung der zärtlichen Seelen auch ist, so ist sie doch von keiner Heftigen Bewegung und [k]einer fressenden Wuth begleitet, wie bey den Thieren. So ist die Kindheit in der Tiefe zunächst an der Erde, da hingegen die Wolken vielleicht die Erscheinungen der zweyten, höhern Kindheit, des wieder-

gefundnen Paradieses sind, und darum so wolthätig auf die Erstere herunterthauen.

Ludwig Tieck: Franz Sternbalds Wanderungen. Eine altdeutsche Geschichte (Erstdruck 1798), in: Ludwig Tieck: Frühe Erzählungen und Romane, hrsg. von Marianne Thalmann, Band I, Darmstadt 1969, S. 706:
»O Sebastian«, sagte Franz, »mag die ganze Welt klug und überklug werden, ich will immer ein Kind bleiben.«
Ebd. S. 716:
Der Künstler sollte nach meinem Urteil bei Bauern oder Kindern manchmal in die Schule gehn, um sich von seiner kalten Gelehrsamkeit oder zu großen Künstlichkeit zu erholen, damit sein Herz sich wieder einmal der Einfalt auftäte, die doch nur einzig und allein die wahre Kunst ist.

Runge an seinen Bruder Daniel, 27. November 1802, in: HS I, S. 20:
Sieh', so freut sich die Welt des Lichts, das Gott ausgehen ließ, sie zu trösten. Recht in dem Mittelpunct der Erde, da sitzt die arme Seele und sehnet sich zum Licht, wie wir uns hinein sehnen. So gestaltet sich die Erde wie das Embryo im Ey, und wann die große Geburt der Welt vor sich geht, dann wird sie erlöset werden. Und, wie Jacob Böhme meynt, der Teufel hat die Erde verbrannt und nun die Seele da eingeschlossen, aber die Barmherzigkeit Gottes währet ewiglich, und Gott sprach: es werde Licht! Denn Gott war vor dem Licht, und ist größer als das Licht, und das Licht war vor der Sonne, denn das Licht ist die Nahrung der Sonne; und das Licht scheinet in die Finsterniß und die Finsterniß begriffen es nicht; da

gab Gott den Menschen die Farbe, und das lustige Leben quillet aus der Tiefe des Brunnens, und nun gebieret die Erde die Menschenkinder und wir haben seinen Tag gesehen und gehen lustig auf der Erde herum; innerlich sehnen wir uns zum Licht, und unsre liebe Mutter in der Erde hält uns fest und wir können es nicht lassen, die Erde zu lieben, und sie grüßt uns in jeder Blume und wir erkennen sie und hören ihre Stimme, ...

Runge an seine Braut Pauline, im April 1803, in: HS II, S. 208f.:
Wir bestehen nun einmal aus dem Gemüth und aus dem Körper; der eigentliche Grund von beiden ist der lebendige Odem in uns, und wenn wir es uns deutlich und offen gestehen wollen, so ist in unserm Gemüth immer eine Sehnsucht, die Wand zu durchbrechen, die beides von einander trennt. Diese Sehnsucht und dieser Wille in uns sind eben auch nur das Innere und Aeußere, wir bestehen aus beiden, das ist das Ich und das Du, das kann nicht verbunden werden als durch den Tod; ich meyne, daß sie völlig eins sind, wie sie im Paradiese gewesen. Und so ist das zu nehmen, was Gott zu Adam sagt, wie er ihn aus dem Paradiese gehen läßt, der Fluch, der auf dem Leben liegt: »Du sollst im Schweiße deines Angesichtes dein Brod essen, bis daß du wieder zur Erde werdest, davon du genommen bist.« – Wie ist denn aber beides getrennt worden, da doch beides von Gott gekommen ist? Ist es nicht dadurch, daß der Mensch wissen wollte seine eigne Seligkeit? Das ist die Wissenschaft, der Baum des Erkenntnisses.
So wie ein Kind im Paradiese lebt und sich selbst unbekannt selig ist; es kommt aber, wie

es anfängt zu lernen, die Sünde in ihm: das ist die Erbsünde, die nun einmal in der Welt ist, denn durch die Wissenschaft sind Körper und Seele getrennt worden. Wie man sich aber in der Schule zersplittert in tausend wissenswürdige Dinge, so geschieht wieder die Verbindung in uns durch die Liebe: das ist die alte Sehnsucht zur Kindheit, zu uns selbst, zum Paradiese, zu Gott, –.

Daniel Runge über die »Hülsenbeckschen Kinder«, in: HS I, S. 365:
Man sieht auf diesem sehr großen Gemählde drey der Kinder seines Freundes Hülsenbeck. Vor dessen Garten in Eimsbüttel ziehen zwey derselben, die älteste Tochter und ein Knabe, den noch ganz unmündigen jüngsten im Kinderwagen, über welchen hin sich links eine Sonnenblumenpflanze hoch erhebt. Hinter den Kindern über das Gartenstakett weg geht die Aussicht auf die Stadt Hamburg hinaus. – R. schrieb am 17. Dec. 1805 an seinen Vater: »Ich habe mir mit diesem Bilde die Sache würklich etwas zu schwer gemacht, mit der in den Hintergrund kommenden Landschaft; und wenn so etwas wohl gut ist, um sich zu üben, so wird man doch auch dabey nur mit Schaden klug, da gegenseitig entweder die Landschaft oder die Portraite als untergeordnet erscheinen müssen.«

Clemens Brentano an Johann Friedrich Böhmer, 27. Februar 1837, in: Clemens Brentano Briefe, hrsg. von Friedrich Seebaß, Nürnberg 1951, Band II, S. 357 f., über Runge:
Er ist eigentlich doch der *tiefsinnigste* Künstler, der *unmittelbarste* der neueren Zeit gewesen, der eine Tiefe, ein Inneres, das vielleicht nie Ge-

stalt gewonnen, zu Tage hat gebären müssen; was aber von solchem an die Oberfläche tritt, tritt heutzutage der Oberflächlichkeit entgegen; darum ist er so wenig ge- und erkannt.

Daten aus Runges Leben

1777 23. Juli: in Wolgast (Pommern) geboren als neuntes Kind des Daniel Nicolaus Runge und seiner Ehefrau Magdalena Dorothea Runge, geb. Müller.

1785 Der Dichter und Theologe Gotthard Ludwig Kosegarten, seit dem Herbst als Rektor der Wolgaster Stadtschule angestellt, übt auf den Knaben nachhaltigen Einfluß aus.

1790 Dilettantischer Zeichenunterricht durch einen Maleramtsmeister.

1795 Übersiedlung nach Hamburg. Dort Mitarbeit in der Handelsfirma des Bruders Daniel und seiner Teilhaber Johann Michael Speckter, Friedrich August Hülsenbeck und Johann Friedrich Wülffing. Freundschaft mit dem Buchhändler Friedrich Perthes, durch ihn Bekanntschaft mit Matthias Claudius und Friedrich Gottlieb Klopstock.

1797 Zeichenunterricht bei Heinrich Joachim Herterich. Im Freundeskreis Lektüre der ›Odyssee‹ in der Übersetzung von Johann Heinrich Voß. Danach Privatlektüre der ›Ilias‹ sowie Vergils und Ovids.

1798 Tiefer Eindruck durch Ludwig Tiecks Künstlerroman ›Franz Sternbalds Wanderungen. Eine altdeutsche Geschichte‹. Befreiung von der Büroarbeit. Zeichenunterricht bei Gerdt Hardorff. Im Freundeskreis Beschäftigung mit Schillers Musenalmanachen, den ›Horen‹ und den Bestrebungen der Brüder Schlegel und Tiecks.

1799 Lektüre von Goethes ›Propyläen‹. Erscheinen der ›Phantasien über die Kunst‹ von Ludwig Tieck und Wilhelm Heinrich Wackenroder im Verlag von Perthes. Seit Ende Oktober Studium an der Kunstakademie in Kopenhagen, zunächst bei Nikolai Abildgaard.

1800 Fußreise durch Seeland. Begeisterung über John Flaxmans Umrißstiche zur ›Ilias‹ und zu Äschylos. Studium der Ölmalerei bei Jens Juel. Opposition gegen die Akademie.

1801 Ende März Abreise aus Kopenhagen. Besuch bei Caspar David Friedrich in Greifswald. 20. Juni Ankunft in Dresden. Studium der Antiken- und Gemäldesammlung. Seit Juli Liebe zu Pauline Bassenge. Teilnahme an Goethes Preisausschreiben und Mißerfolg mit »Achill und Skamandros«. Besuch der anatomischen Vorlesungen von Gotthilf Heinrich Schubert. Freundschaft mit Henrik Steffens, dem Stuttgarter Maler Ferdinand

Hartmann, dem Komponisten Ludwig Berger und seit November mit Ludwig Tieck.

1802 Kontakte mit Friedrich Schlegel und C. D. Friedrich. Freundschaft mit Friedrich August von Klinkowström. »Triumph des Amor«, »Selbstbildnis mit braunem Kragen«, »Lehrstunde der Nachtigall« (1. Fassung). Lernt Schriften von Jakob Böhme kennen.

1803 Vignetten zu Tiecks ›Minneliedern aus dem Schwäbischen Zeitalter‹. Verlobung mit Pauline Bassenge. Besuch des Doms von Meißen. »Die Zeiten« in Feder gezeichnet. In Berlin Zusammentreffen mit August Wilhelm Schlegel und Johann Gottlieb Fichte. Im November Begegnung mit Goethe in Weimar. Rückkehr nach Hamburg und erste Begegnung mit Wilhelm Tischbein.

1804 Hochzeit mit Pauline in Dresden. »Bildnis Pauline im grünen Kleid«, »Die Mutter an der Quelle«, »Lehrstunde der Nachtigall« (2. Fassung). Farbenexperimente bei Johann Friedrich Eich in Altona; im Auftrag Friedrich Ludwig Heinrich Waagens Auswahl von religiösen Bildern aus dem im Abbruch befindlichen Hamburger Dom. Beschäftigung mit den ›Heymonskindern‹.

1805 Intensive Beschäftigung mit ›Ossian‹. Ablehnung des Illustrationsprojekts durch den Ossian-Übersetzer Leopold Graf Stolberg. »Selbstbildnis im blauen Rock«, »Wir Drei«, »Die kleine Perthes«, »Die Ruhe auf der Flucht«, »Quelle und Dichter«. Erste Auflage der ›Zeiten‹-Kupferstiche. Geburt des Sohnes Otto Sigismund. Seit Oktober Arbeit an den »Hülsenbeckschen Kindern«.

1806 Besuch durch den jungen Friedrich Overbeck aus Lübeck. Aufzeichnung der beiden plattdeutschen Märchen ›Von dem Fischer un syne Fru‹ und ›Von dem Machandelboom‹. Besuch der Vorlesungen des Phrenologen Franz Joseph Gall. Ende April Umzug mit Frau und Kind nach Wolgast. »Bildnis der Eltern«, »Petrus auf dem Meer«. Im Sommer Korrespondenz mit Goethe über Probleme der Farbentheorie. Schenkung eines gezeichneten Selbstbildnisses an den Dichter. Rügen-Reise und Wanderung zur Halbinsel Mönchgut.

1807 Im April Rückkehr nach Hamburg. Besuch durch den jungen Arthur Schopenhauer. Geburt der Tochter Maria Dorothea. Öffentliches Erscheinen der ›Zeiten‹ im Verlag von Perthes. »Pauline mit dem zweijährigen Sohn Otto Sigismund«, »Bildnis Wilhelmine Helwig«. Besuch bei Carl Friedrich von Rumohr in Krempelsdorf.

1808 Durch Rumohr und Steffens indirekte Kontakte zu Schelling in München. Ernennung zum Ehrenmitglied der ›Hamburgischen Gesellschaft zur Beförderung der Künste und nützlichen Gewerbe‹ (›Patriotische Gesellschaft‹). Abdruck des Märchens ›Von den Mahandel Bohm‹ durch Achim von Arnim in der ›Zeitung für Einsiedler‹. Einladung Goethes nach Weimar zu Gedankenaustausch über farbentheoretische Probleme; nicht zustande gekommen. »Der Kleine Morgen«, »Bildnis Klinkowström«, »Mondaufgang«, »Die Freuden der Jagd«. Entwurf zur Farbenkugel. Erscheinen von Joseph Görres' Kommentar zu den ›Zeiten‹.

1809 Geburt des Sohnes Gustav Ludwig Bernhard. Ärztliche Behandlung. Besuch durch Justinus Kerner und Karl Mayer. Bildnisse der Schwiegermutter, des Freundes Johann Philipp Petersen und der Kinder Otto Sigismund und Maria Dorothea. »Arions Meerfahrt«, Spielkarten, Buchumschlag zum »Vaterländischen Museum«, »Der Große Morgen«. Fußreise zu Wilhelm Tischbein nach Eutin. Begegnung mit Barthold Georg Niebuhr. Übersendung des Manuskripts der ›Farbenkugel‹ an Goethe. Umgang mit der Musikerin Louise Reichardt. Im Dezember Beginn der Korrespondenz mit Clemens Brentano.

1810 »Selbstbildnis im braunen Rock«, Bildnisse Paulines und Daniels, »Sophia Sieveking auf dem Sterbelager«, »Das Nachtigallengebüsch«, »Natur und Geist«. Exemplare der ›Farbenkugel‹, bei Perthes erschienen, an Freunde und Gelehrte, u.a. an Schelling. Schwere Krankheit. Im Mai »entschiedenes Lungen- und Nervenübel« und Fieberkrisis (Daniel). Im September Einladung durch Joseph Görres zu Erholungsaufenthalt an Rhein und Mosel; nicht mehr zustande gekommen. 2. Dezember: Gestorben halb vier Uhr nachmittags in Hamburg. 3. Dezember: Geburt des Sohnes Philipp Otto. 5. Dezember: Bestattung in Perthes' Familiengruft auf dem St.-Petri-Friedhof vor dem Dammtor; 1935 Überführung der sterblichen Überreste auf den Althamburgischen Gedächtnisfriedhof in Ohlsdorf.

Aufbewahrungsorte von Runges Werken

Der weitaus größte Teil des gemalten und gezeichneten Lebenswerks befindet sich in der Hamburger Kunsthalle.

Allegorisch-symbolische Gemälde:
Der Triumph des Amor
Lehrstunde der Nachtigall (2. Fassung)
Der Tag
Der Kleine Morgen
Der große Morgen
Das Nachtigallengebüsch
Die Freuden der Jagd (Aquarell)
Arions Meerfahrt (Aquarell)

Gemälde mit christlicher Thematik:
Die Ruhe auf der Flucht
Petrus auf dem Meer

Gruppenbildnisse:
Die Hülsenbeckschen Kinder
Die Eltern des Künstlers
Die Kinder des Künstlers, Otto Sigismund und Maria Dorothea

Einzelbildnisse:
Selbstbildnis mit braunem Kragen
Selbstbildnis im blauen Rock
Selbstbildnis im braunen Rock
Bildnis Paulines im grünen Kleid
Otto Sigismund im Klappstuhl
Bildnis der Schwiegermutter
Bildnis Daniel Runge
Bildnis Johann Philipp Petersen

Zerstörte Werke:
1931 waren drei Hauptwerke Runges aus dem Besitz der Hamburger Kunsthalle als Leihgaben im Münchner Glaspalast ausgestellt. Sie fielen dem Brand des Glaspalastes zum Opfer. Es waren dies:
Die Lehrstunde der Nachtigall (1. Fassung)
Die Mutter an der Quelle
Wir Drei

Gemälde Runges außerhalb der Hamburger Kunsthalle:
Pauline mit dem zweijährigen Sohn Otto Sigismund (Berlin/West, Stiftung Preußischer Kulturbesitz, Nationalgalerie)
Bildnis Pauline im weißen Kleid (Dresden, Staatliche Kunstsammlungen, Gemäldegalerie, Leihgabe des Stadtmuseums Bautzen)
Die kleine Perthes (Weimar, Staatliche Kunstsammlungen)
Bildnis Wilhelmime Helwig (Kiel, Stiftung Pommern)
Bildnis Friedrich August von Klinkowström (Wien, Neue Galerie des Kunsthistorischen Museums)
Mondaufgang (Winterthur, Stiftung Oskar Reinhart)

Ein größerer Bestand an Zeichnungen Runges, u. a. Vorstudien zum Großen Morgen, befindet sich in Berlin/DDR, Staatliche Museen zu Berlin, National-Galerie.

Literaturauswahl zu Philipp Otto Runge

Grundlegende Quelleneditionen:

Degner, Karl Friedrich (Hrsg.): Philipp Otto Runge. Briefe in der Urfassung (Bekenntnisse deutscher Kunst 1), Berlin 1940

Runge, Philipp Otto: Hinterlassene Schriften. Hrsg. von dessen ältestem Bruder (Johann Daniel Runge), 2 Bde, Hamburg 1840–41, Neudr. Göttingen 1965 (abgekürzt HS)

Runge, Philipp Otto: Farben-Kugel oder Construction des Verhältnisses aller Mischungen der Farben zueinander ... nebst einer Abhandlung über die Bedeutung der Farben in der Natur von Henrik Steffens. Neudr. der Ausg. Hamburg 1810, mit einem Nachwort von Heinz Matile, Mittenwald 1977

Weitere Quellensammlungen:

Betthausen, Peter (Hrsg.): Philipp Otto Runge. Briefe und Schriften, München 1982

Feilchenfeldt, Konrad (Hrsg.): Clemens Brentano – Philipp Otto Runge: Briefwechsel (Insel-Bücherei 994), Frankfurt a. M. 1974

Feldmann, Wilhelm (Hrsg.): Philipp Otto Runge und die Seinen. Mit ungedruckten Briefen, Leipzig 1944

Gärtner, Hannelore (Hrsg.), Die Begier nach der Möglichkeit neuer Bilder. Briefwechsel und Schriften zur bildenden Kunst, Leipzig 1978

Maltzahn, Hellmuth Freiherr von (Hrsg.): Philipp Otto Runges Briefwechsel mit Johann Wolfgang von Goethe (Schriften der Goethe-Gesellschaft 51), Weimar 1940

Privat, Karl (Hrsg.): Philipp Otto Runge. Sein Leben in Selbstzeugnissen, Briefen und Berichten, Berlin 1942

Sekundärliteratur:

Aubert, Andreas: Runge und die Romantik, Berlin 1909

Ausst. Kat.: Runge in seiner Zeit. Kunst um 1800 (Hrsg.: Werner Hofmann), Hamburger Kunsthalle, München 1977

Autorenkollektiv (Waltraud Brodersen u. a.): Philipp Otto Runge. Historisch-kritische Analysen zu seinem Werk, Lahn-Gießen 1978

Berefelt, Gunnar: Philipp Otto Runge zwischen Aufbruch

und Opposition 1777–1802 (Acta Universitatis Stockholmiensis, Stockholm Studies in History of Art 7), Stockholm – Göteborg – Uppsala 1962
Betthausen, Peter: Philipp Otto Runge, Leipzig 1980
Bisanz, Rudolf Mathias: German Romanticism and Philipp Otto Runge. A study in nineteenth-century art theory and iconography, DeKalb 1970
Böttcher, Otto: Philipp Otto Runge. Sein Leben, Wirken und Schaffen, Hamburg 1937
Einem, Herbert von: Philipp Otto Runge: Das Bildnis der Eltern (Werkmonographien zur bildenden Kunst in Reclams Universal-Bibliothek, hrsg. von Carl Georg Heise, 23), Stuttgart 1957
Franke, Christa: Philipp Otto Runge und die Kunstansichten Wackenroders und Tiecks (Marburger Beiträge zur Germanistik 49), Marburg 1974
Grützmacher, Kurt: Novalis und Philipp Otto Runge. Drei Zentralmotive und ihre Bedeutungssphäre: Die Blume, das Kind, das Licht, München 1964
Hoffmann, Detlef (Hrsg.): Die Kartenspiele Philipp Otto Runges. Faksimile nach Originalen der Kunsthalle Hamburg und des deutschen Spielkartenmuseums (Historische Kartenspiele und Spielregeln in Faksimileausgaben, hrsg. von Detlef Hoffmann), München 1977
Isermeyer, Christian Adolf: Philipp Otto Runge (Die Kunstbücher des Volkes 32), Berlin 1940
Jensen, Jens Christian: Philipp Otto Runge, Leben und Werk (Dumont Kunsttaschenbücher 45), Köln 1977
Krebs, Siegfried: Philipp Otto Runge und Ludwig Tieck, Diss. Königsberg 1909, Freiburg i. B. 1909
Langner, Johannes: Philipp Otto Runge in der Hamburger Kunsthalle (Bilderhefte der Hamburger Kunsthalle 4), Hamburg 1963
Mathieu, Stella Wega (Hrsg.): Philipp Otto Runge. Leben und Werk in Daten und Bildern (Insel Taschenbuch 316), Frankfurt a. M. 1977
Matile, Heinz: Die Farbenlehre Philipp Otto Runges. Ein Beitrag zur Geschichte der Künstlerfarbenlehre (Kunstwissenschaftliche Studientexte 5), 2. verb. und verm. Aufl., München–Mittenwald 1979
Möseneder, Karl: Philipp Otto Runge und Jakob Böhme. Über Runges »Quelle und Dichter« und den »Kleinen Morgen«. Mit einem Exkurs über ein Palmenemblem (Marburger Ostforschungen 38), Marburg/Lahn 1981
Pauli, Gustav (Hrsg.): Philipp Otto Runges Zeichnungen und Scherenschnitte in der Kunsthalle zu Hamburg, Berlin 1916
Richter, Cornelia: Philipp Otto Runge. Ich weiß eine

schöne Blume. Werkverzeichnis der Scherenschnitte, München 1981

Roch, Wolfgang: Philipp Otto Runges Kunstanschauung. Dargestellt nach seinen »Hinterlassenen Schriften«, und ihr Verhältnis zur Frühromantik (Studien zur deutschen Kunstgeschichte 111), Straßburg 1909

Rölleke, Heinz: Der wahre Butt. Die wundersamen Wandlungen des Märchens vom Fischer und seiner Frau, Düsseldorf, Köln 1978

Runge: Fragen und Antworten. Ein Symposion der Hamburger Kunsthalle. Hrsg. von der Hamburger Kunsthalle, Vorwort Werner Hofmann, Redaktion Hanna Hohl, München 1979

Philipp Otto Runge im Umkreis der deutschen und europäischen Romantik. 2. Greifswalder Romantik-Konferenz, Lauterbach/Putbus 1. bis 5. Mai 1977 (Wissenschaftliche Zeitschrift der Ernst-Moritz-Arndt-Universität Greifswald, Gesellschafts- und Sprachwissenschaftliche Reihe 28, 1–2, 1979), Greifswald 1979

Schmidt, Paul Ferdinand: Philipp Otto Runge. Sein Leben und sein Werk (Deutsche Meister), Leipzig 1923

Schümann, Carl-Wolfgang (zusammen mit Eva Maria Krafft): Katalog der Meister des 19. Jahrhunderts in der Hamburger Kunsthalle, Hamburg 1969

Traeger, Jörg: Philipp Otto Runge und sein Werk. Monographie und kritischer Katalog (Studien zur Kunst des 19. Jahrhunderts, Sonderband), München 1975

Traeger, Jörg: Philipp Otto Runge oder die Geburt einer neuen Kunst, München 1977

Vasella-Lüber, Margrit: Philipp Otto Runges Briefe, Zürich 1967

Waetzoldt, Stephan: Philipp Otto Runges »Vier Zeiten«, Diss. Hamburg 1951 (Masch.-Ms.)

Abbildungsnachweis

Hamburger Kunsthalle (Ektachrome/Photos: Ralph Kleinhempel) Umschlag, Falttafel, Frontispiz, Umschlagrückseite 1–4, 8–10, 13–21, 23, 26, 27, 34, 35, 42
Bayerische Staatsgemäldesammlungen, Neue Pinakothek, München 5, 6, 28
Staatliche Museen Preußischer Kulturbesitz, Nationalgalerie, Berlin/West (Photos: Jörg P. Anders) 7, 11
Staatliche Museen zu Berlin/DDR, Nationalgalerie 12, 36, 38
Staatliche Kunstsammlungen, Weimar (Photo: Roland Dreßler) 25
Kunstmuseum Bern, Paul Klee-Stiftung; © Copyright by COSMOPRESS, Genf 30, 43
Museo Civico di Verona 31
Privatbesitz (Photo: Bildarchiv Foto Marburg) 32
Otto Dix-Stiftung, Vaduz (Photo: Patejdl, Horn) 39
Museum of Modern Art, New York; © VG Bild-Kunst, Bonn/SPADEM, Paris 1987 40
VG Bild-Kunst, Bonn/SPADEM, Paris, 1987 41
Archiv des Autors 22, 24, 29, 33, 37